Josef Kirschner beschäftigt sich seit über 30 Jahren mit der Frage: »Was kann jeder von uns selbst tun, um an jedem Tag seines Lebens ein Höchstmaß an persönlichem Glück und Erfolg zu erringen?«

Lebensstrategien und Verhaltenstechniken, die er seinen Lesern empfiehlt, hat er in diesen Jahren mit maximalem Erfolg an sich selbst erprobt. Er war Magazinarbeiter, Reporter, Chefredakteur. Er besuchte als Gast Henry Kissingers die amerikanische Harvard University und war Lehrbeauftragter an der Universität in Wien.

Kirschner präsentierte in der erfolgreichen österreichischen Sendereihe »Tritsch Tratsch« eine neue Form der Fernsehunterhaltung. Als er nach 50 Sendungen zum Bedauern des Publikums abtrat, meinte er: »Wenn man eine Sache zum Höhepunkt gebracht hat, sollte man nach neuen Herausforderungen suchen.«

Josef Kirschner, Jahrgang 1931, verheiratet, Vater von zwei Söhnen, lebt in Wien und auf einem kleinen Bauernhof im Burgenland. Er berät Leistungssportler, Manager und Medien. Mit Psychologen gründete er in dem Kurort Bad Tatzmannsdorf eine »Lebensschule«. Dort trainiert er in Seminaren mit den Teilnehmern das glückliche Leben im Alltag und Techniken der Problembewältigung.

Josef Kirschners Bücher wurden bis jetzt in sechs Ländern verlegt und erreichten eine Gesamtauflage von über zwei Millionen Exemplaren.

Von Josef Kirschner sind als Knaur-Taschenbücher erschienen:

»Manipulieren – aber richtig« (Band 7442)
»Die Kunst, ein Egoist zu sein« (Band 7549)
»Hilf dir selbst, sonst hilft dir keiner« (Band 7610)
»Die Kunst, ohne Überfluß glücklich zu leben« (Band 7647)
»Die Kunst, ohne Angst zu leben« (Band 7689)
»So wehrt man sich gegen Manipulation« (Band 7717)
»So lernt man, sich selbst zu lenken« (Band 7718)
»So hat man mehr Spaß am Sex« (Band 7719)
»So plant man sein Leben richtig« (Band 7720)
»So macht man auf sich aufmerksam« (Band 7741)

Originalausgabe 1988

Umschlaggestaltung Adolf Bachmann, Reischach
Gesamtherstellung Ebner Ulm
Printed in Germany 5 4 3 2 1
ISBN 3-426-07742-6

Josef Kirschner:

So nutzt man die eigenen Kräfte besser

Fünf Techniken, die alles möglich machen

Knaur®

Lieber Leser!

In uns allen schlummern Kräfte, die scheinbar Unmögliches möglich machen könnten. Aber nur wenige Menschen schöpfen diese Kräfte für die bessere Bewältigung ihrer täglichen Probleme tatsächlich aus.

Warum eigentlich nicht?

Vor allem liegt es daran, daß wir uns daran gewöhnt haben, Schwierigkeiten aus dem Wege zu gehen, und sie von anderen Leuten lösen lassen!

- Der Staat sorgt angeblich für Frieden und Ordnung.

- Die Versicherungsanstalten sorgen angeblich für unsere Sicherheit.

- Die Gerichte für Gerechtigkeit.

- Die Ärzte, Medikamente und Apotheken für unsere Gesundheit.

- Schulen und Lehrer sorgen angeblich dafür, daß wir auf das Leben vorbereitet werden.

- Die Wirtschaft, daß wir alles haben, was wir zum Leben brauchen.

- Der Partner sorgt für Liebe, die Familie gibt uns Geborgenheit, und so weiter, und so weiter.

Ist es ein Wunder, daß wir allmählich aufhören, uns auf uns selbst zu verlassen? Wir haben uns daran gewöhnt, alles aus zweiter Hand zu erhalten. Mit dem Vorteil: Wenn man es uns nicht gibt, können wir für den Mißerfolg immer andere verantwortlich machen.

Wir brauchen auf diese Weise nicht einmal mehr die Verantwortung für uns selbst zu übernehmen. Ist es deshalb ein Wunder, wenn das Verantwortungsbewußtsein uns selbst gegenüber allmählich verkümmert?

Vor einigen Jahren nahm eine etwa fünfzigjährige geschiedene Frau an einem Seminar der »Lebensschule« teil, das damals in einem österreichischen Kurort abgehalten wurde. Die Teilnehmer sollten vor allem dazu angeregt werden, sich ihre eigene Individualität und die Kräfte bewußtzumachen, die in ihnen ruhen.

Die erwähnte Dame interessierte sich ganz besonders für die Anregungen über richtiges Atmen. Irgendwie schien sie von Anfang an zu erkennen, daß richtiges Atmen bei einem Menschen wesentlich mehr bewirken kann als nur den Gasaustausch im Körper.

Sie gewöhnte sich also daran, täglich dreimal – wie eine Art Gebet – zehn tiefe Atemzüge zu machen und sich dabei alles das vorzustellen, was sie sich vom Leben oder auch nur von diesem einen Tag erwartete.

Als sie Jahre später ein zweites Mal bei einem »Lebensschule«-Seminar erschien, berichtete sie davon, daß sie imstande sei, sich nicht nur schlechte Laune und Zukunftssorgen »wegzuatmen«, sondern auch ihre Schmerzen. »Seither«, erklärte sie selbstbewußt, »lasse ich mir beim Zahnarzt keine schmerzstillende Spritze mehr geben.«

Ist es nicht erstaunlich, wozu es führen kann, wenn ein Mensch sich nur diese scheinbare Selbstverständlichkeit des Atmens bewußtmacht und lernt, richtig damit umzugehen?

Im vorliegenden Ratgeber wird der Leser auf fünf Möglichkeiten hingewiesen, Kräfte, die in ihm schlummern, für sich zu nützen. Was immer dies für ihn persönlich auch bedeuten mag. Dem einen mag es bereits sensationell erscheinen, wenn er sich mit Hilfe des richtigen Atmens in gute Laune versetzen oder entspannen kann. Jemand anderer wieder kann das anspruchsvollere Ziel haben, sich Warzen oder kleine Geschwüre »wegzuatmen«. Auch das ist keine Seltenheit.

Über das richtige Atmen als Technik der Selbstbeeinflussung ist in einem Band der »Lebensschule«-Reihe ausführlich die Rede. Der Band trägt den Titel: »So lernt man, sich selbst zu lenken«.*

Diesmal geht es um fünf weitere Möglichkeiten der Selbstentdeckung und Selbstbeeinflussung, die wir entwickeln und zu unserem Vorteil trainieren können.

* Knaur-Taschenbuch Band 7718

Fünf Kräfte, die in Ihnen darauf warten, entdeckt und entwickelt zu werden

1.

Die Kraft des Glaubens an sich selbst

Wir glauben sehr oft anderen Leuten mehr als uns selbst und suchen auf diese Weise Motivation für unser Handeln. Dabei ist dies nur eine Kraft aus zweiter Hand, die uns von anderen abhängig macht. Ist es nicht besser, den Glauben an sich selbst zu finden und daraus alle Kraft zu schöpfen – ohne die ewig helfende Hand anderer?

2.

Die Kraft, die aus dem Unterbewußten kommt

Wir wissen, daß es so etwas wie ein Unterbewußtsein gibt. Dorthin, so sagt man uns, hätten wir alles Schlimme verdrängt, und nur geschulte Psychologen könnten es – für gutes Honorar, versteht sich – wieder ans Tageslicht befördern. Wäre es nicht an der Zeit, sich selbst einmal für die ganz einfachen Möglichkeiten zu interessieren, wie wir ohne fremde Hilfe das Beste aus unserem Unterbewußtsein machen können?

3.

Die Kraft der Konzentration

Wie oft hat man uns ermahnt: »Konzentriere dich besser auf deine Arbeit.« Aber hat uns schon jemand erklärt, was Konzentration eigentlich ist und wie wir sie lernen können?

Wenn es uns niemand anderer sagt, sollten wir selbst uns dafür interessieren. Vielleicht entdecken wir dabei in uns Fähigkeiten, die wir bisher nie für möglich gehalten haben.

4.

Die Kraft der Beharrlichkeit

Ungezählte unserer schönsten Ziele und Träume sind daran gescheitert, daß wir unsere Bemühungen auf dem Weg zur Erfüllung aufgegeben haben. Den einen verließ plötzlich der Mut, der andere verlor das Interesse. Oder etwas anderes erschien uns wichtiger. Mit Elan nahmen wir dieses neue Ziel in Angriff, um es bei den ersten Schwierigkeiten neuerlich gegen ein scheinbar noch viel interessanteres Ziel einzutauschen. Dabei gibt es keinen Zweifel darüber, daß ein einziger erfüllter Wunsch tausendmal glücklicher macht als hundert noch so schöne Träume, die wir uns nicht oder nur halb erfüllen.

5.

Die Kraft der Kraftlosigkeit

Die meisten von uns wurden in der Überzeugung erzogen, daß Wille, Entschlossenheit, Mut und Durchschlagskraft den Erfolg und damit das Glück im Leben eines Menschen ausmachen. Alle diese Eigenschaften zielen auf Kraft, Kampf und Aggression. Es macht sich bezahlt, einmal über Alternativen nachzudenken, die vielleicht viel mehr vermögen als das, was wir bisher immer nur unter »Kraft« verstanden.

Was Sie über »So nützt man die eigenen Kräfte besser« vorerst einmal wissen sollten

Der vorliegende Ratgeber ist einer von acht Bänden, mit deren Hilfe Sie Schritt für Schritt darangehen können, einiges in Ihrem Leben zu ändern, was Sie vielleicht immer schon ändern wollten.

Zwei Gründe hindern viele Menschen daran, dies zu tun:

- Sie sagen: »Ich habe so viel zu tun, daß mir für mich selbst gar keine Zeit mehr bleibt.«

- Sie wissen nicht, wie sie es anfangen sollen, sich selbst jene Erziehung angedeihen zu lassen, die ihre Umwelt ihnen bisher vorenthalten hat: die Erziehung zum selbstbewußten, kritischen Bürger, der weiß, was er will und wie er es erreichen kann.

Deshalb gibt es in der vorliegenden Ratgeber-Serie Anleitungen wie: »So plant man sein Leben richtig« und »So lernt man, sich selbst zu lenken«.

Der Band über die sechs wichtigsten Techniken der Selbstlenkung ist in gewissem Sinne die Grundlage für »So nützt man die eigenen Kräfte besser«.

Deshalb fassen wir hier für Sie noch einmal die wichtigsten Anregungen von »So lernt man, sich selbst zu lenken« zusammen:

1.

Lernen Sie, richtig und bewußt zu atmen

Fragen Sie nicht erst nach einem sogenannten Fachmann, der Ihnen erklärt, was »richtiges« Atmen bedeutet, sondern finden Sie es selbst heraus.

Sie atmen seit dem ersten Tag Ihres Lebens, also gibt es niemanden, der Ihnen viel Neues darüber sagen könnte, wie Sie richtig atmen sollen.

Ihr Körper und Ihre eigene Beobachtungsfähigkeit sagen Ihnen am besten, was für Sie gut ist. Warten Sie nicht lange, probieren Sie es aus.

Gleich jetzt:

- Setzen Sie sich entspannt in Ihren Sessel, oder legen Sie sich bequem auf eine Couch. Schließen Sie die Augen, und überprüfen Sie in Gedanken Ihren ganzen Körper. Ist mein linkes Bein entspannt, das rechte Bein, der Bauch, die Arme? Und so weiter.

Nehmen Sie sich Zeit, mit Hilfe Ihrer Gedanken den Körper bewußt zu entspannen. Nicht allgemein, sondern ganz konkret Körperteil um Körperteil.

- Schließen Sie die Augen. Machen Sie sich bewußt, wie Sie jetzt schon viel ruhiger sind. Dann wenden Sie Ihre Aufmerksamkeit der Atmung zu.

Tun Sie es nicht zwanghaft. Beobachten Sie den Atem, wie er beim Einatmen durch Ihren Körper fließt, bis hinunter zum Nabel. Führen Sie ihn in Gedanken dorthin. Dann halten Sie kurz inne und führen den Atem wieder ganz ruhig zurück aus dem Körper.

Atmen Sie fünf-, sechs-, zehnmal auf diese Weise, und machen Sie sich bewußt, wie sich Geist und Körper weiter entspannen.

2.

Diese einfache Technik des Entspannens ist die Grundlage der Selbstbeeinflussung. Wenn Sie einen Schritt weiter gehen wollen, können Sie als Fortsetzung Ihr Denken einsetzen. Sie können, nachdem Sie sich entspannt haben, Ihre Gedanken als Motor Ihres Handelns benützen.

Sehr oft beginnen wir eine Sache damit, daß wir uns zaghaft fragen: »Hoffentlich schaffe ich auch, was ich mir da vornehme« oder »Ist das alles nicht eine

Nummer zu groß für mich? Ich bin ja bisher auch immer daran gescheitert.«

Es liegt an uns, solche Gedanken bewußt zu ändern.

Statt der Zweifel können Sie sofort beschließen, sich nur mehr positive Formeln zu suggerieren. Die einfachsten sind: »Ich schaffe es. Wenn nicht heute, dann das nächste oder übernächste Mal.« Oder: »Mir geht es in jeder Hinsicht von Tag zu Tag besser und besser.«

3.

Sie können Formeln benützen, aber auch bildhafte Vorstellungen. Indem Sie zum Beispiel an jedem Morgen wie in einem Werbespot aus dem Fernsehen vor Ihrem inneren Auge den Vorgang ablaufen lassen, *wie* Sie schaffen, was Sie sich vorgenommen haben.

Mit anderen Worten: Nehmen Sie in Gedanken das vorweg, was Sie erreichen wollen. Auf diese Weise üben Sie als eine Art Trockentraining im Geiste ein, was Sie später in der Praxis nachvollziehen wollen.

4.

Lernen Sie, alle diese Dinge für sich selbst zu modifizieren. Ahmen Sie nicht einfach Ratschläge nach.

Diese sollen Ihnen nur als Anregung und Ermunterung dienen.

In diesem Ratgeber finden Sie Hinweise, die fünf Jahre lang in »Lebensschule«-Seminaren mit Gruppen interessierter Menschen erarbeitet und erprobt wurden.

Aber dies soll nicht heißen, daß das, was für viele Seminar-Teilnehmer richtig war, auch für Sie richtig ist. Sie selbst müssen es herausfinden.

Wenn Sie für sich den richtigen Weg und die zu Ihnen passende Technik gefunden haben, sollten Sie sofort darangehen, sie geduldig einzuüben.

Nicht wenige Menschen scheitern bei ihren Bemühungen nach anfänglichen Erfolgen, weil sie nicht begreifen, daß das Lösen persönlicher Probleme, das Angewöhnen oder Abgewöhnen von Fähigkeiten und Eigenschaften eine Frage des unermüdlichen Übens ist.

Glücklichsein ist lernbar.

Aber lernen bedeutet üben. Was wir beherrschen möchten, müssen wir einüben, bis es eines Tages ganz von selbst geschieht, weil wir dafür reif sind.

Mit diesen Hinweisen ausgestattet, sollten Sie jetzt Kapitel für Kapitel darangehen, die vorliegenden fünf Anregungen gründlich zu studieren, um weitere ungeahnte Kräfte in sich zu entdecken und zu entwickeln.

Bald werden Sie merken: Nichts daran ist sensationell oder neu. Alles gibt es schon, Sie kennen es, haben vielleicht schon darüber nachgedacht und es wieder aufgegeben, mehr daraus zu machen.

Benützen Sie diese Gelegenheit, es ein weiteres Mal zu versuchen. Vielleicht gelingt es uns, Sie neu dafür zu motivieren, einen konkreten Schritt zu Ihrer Selbstfindung und Selbstlenkung zu machen.

Wir wünschen Ihnen jedenfalls dafür viel Spaß. Jawohl, Spaß! Denn die Beschäftigung mit sich selbst soll Ihnen Spaß machen – Ärger bereiten uns andere Leute einen ganzen Tag lang ja genug.

1.

Die Kraft des Glaubens an sich selbst

Das Wort »Glaube« hat bei vielen Menschen keinen guten Stellenwert. Zu oft hören wir: »Ich habe den Glauben an die Politik, den Staat, die Kirche verloren.« Man hat uns ja auch tatsächlich schon oft genug enttäuscht.

Wir sind Versprechungen gegenüber mißtrauisch geworden. Aber haben wir je daran gedacht, dem verlorenen Glauben an andere eine bessere eigene Alternative entgegenzusetzen?

Die Alternative des Glaubens an uns selbst.

In dieser Zeit der perfektionierten Massenmanipulation sind alle nur daran interessiert, uns hilflos, ratlos und abhängig zu machen. Damit wir wie Ertrinkende nach den Angeboten greifen, die man uns anbietet.

Je mehr wir davon Gebrauch machen, weil wir meinen, wir könnten uns selbst nicht helfen, um so größer wird die Abhängigkeit von unseren »Rettern«.

Je öfter wir die Lösung unserer Probleme anderen überlassen, um so geringer wird der Glaube an uns selbst.

Der Glaube an uns selbst!

Der Glaube an uns selbst bedeutet, daß wir uns selbst mehr vertrauen als irgend jemand anderem und alles, was wir tun möchten, mit dem Gedanken beginnen: »Ich schaffe es.« Der Glaube an uns selbst ist Egoismus reinsten Wassers ohne Schuldgefühl.

Ist es nicht vernünftiger, seine ganze Kraft für das Erreichen seiner eigenen Ziele einzusetzen, statt die Hälfte davon für Zweifel und Ängste zu vergeuden und dafür, was vorwiegend andere Leute glücklich macht?

Der Glaube an uns selbst beginnt mit den Gedanken

Wir alle kennen ja die uralten weisen Sprüche wie: »Glaube versetzt Berge« oder: »Was man kräftig hofft, geschieht.« Ist das nur Gerede, oder ist etwas Wahres dran?

Wenn wir heute von »Glauben« reden, denken wir nicht selten, daß dies etwas sei, das man hat oder nicht. Glaube, sagt man auch, sei etwas, das man einsetzen müßte, wenn das Denken aufhört. Der Gegenstand des Glaubens müßte etwas Abstraktes sein. Man sagt:

- Ich glaube an eine bessere Zukunft.
- Ich glaube an einen Gott.
- Ich glaube an ein Weiterleben nach dem Tode.

Vorstellungen wie diese gehen davon aus, daß wir mit unserem Denken den Glauben kaum beeinflussen können. Der Glaube sei also etwas, das wir nicht herbeiführen könnten. Für ganz und gar unmöglich halten es die meisten Menschen, daß Glaube trainiert werden könnte.

Wir finden es selbstverständlich, daß wir unsere

Muskeln, unser Gedächtnis und auch die Fähigkeiten des Maschineschreibens trainieren. Warum nicht auch die Kraft des Glaubens an uns selbst?

Was heißt das überhaupt: »Ich glaube an mich«?

In einem »Lebensschule«-Seminar zur Stärkung des Selbstbewußtseins schrieb ein 43 Jahre alter Büroangestellter auf seinen Notizblock: »Mein größtes berufliches Ziel ist es, Prokurist zu werden. Aber ich glaube nicht, daß ich es jemals schaffen werde.«

Zwei Komponenten bestimmen diese Glaubensfrage:

- Eine Zielvorstellung und der Wunsch, sie zu erfüllen, damit sie dem Mann Erfolgsgefühl, Glück und Befriedigung verschafft.

- Die Annahme, daß er dieses Ziel *nicht* erreichen kann.

Untersuchen wir doch einmal, wie diese Annahme zustande kommt.

Der erwähnte Büroangestellte argumentiert so: »Ich bin seit über zehn Jahren bei meiner Firma. Man ist mit mir zufrieden, das kann ich mit Sicherheit sagen. Seit drei Jahren versuche ich, die

Prokura zu bekommen, weil ich die Aufgaben in meinem Bereich selbständig erfülle. Aber mein Chef findet immer wieder Ausreden dafür, sie mir nicht zu geben. Jetzt habe ich schon jede Hoffnung aufgegeben.«

Der Mann glaubt also nicht an die Erfüllung seines größten beruflichen Wunsches, weil seine bisherigen Bemühungen nicht erfolgreich waren.

Weil er es bisher nicht schaffte, glaubt er auch nicht daran, daß er es in Zukunft schaffen könnte. Damit hat er sich, wie es scheint, abgefunden. Er denkt: »Ich bin eben doch nur ein kleiner Büroangestellter und kein Prokurist. Damit muß ich mich abfinden.«

Das denkt er.

Er selbst lenkt seine Gedanken ganz gezielt in eine bestimmte Richtung, nämlich in die Richtung des Nichtglaubens an sich selbst.

Zwei Gründe kann es dafür geben:

1. Er schließt aus bisherigen vergeblichen Versuchen, daß er auch bei zukünftigen Bemühungen scheitern würde. Er beruft sich also auf seine schlechten Erfahrungen.

2. Er hat Angst vor seinem Wunsch und sucht in Wahrheit nur eine Ausrede dafür, dieser Angst

nachzugeben. Er möchte sagen können: »Ich habe es ja versucht. Ich habe mich wirklich bemüht, aber ...«

In beiden Fällen geht der Betroffene von dem aus, was war oder sein würde, und kann sich nicht vorstellen, daß sich sein Wunschtraum erfüllt.

Er *denkt*, daß er sein Ziel nicht erreichen kann.

Er kann es sich nicht *vorstellen*.

Er *glaubt* nicht daran.

Wir können aus diesem Beispiel den Schluß ziehen, daß seine Gedanken dafür verantwortlich sind, wenn er nicht glauben kann.

Was veranlaßt uns denn, einem Menschen, der uns von einer Sache überzeugen will, zu sagen: »Gut, ich glaube dir«?

Drei Gründe kann es dafür geben:

1. Seine Beweise überzeugen uns.

2. Seine Beweise sind dürftig, aber wir spüren unbewußt, daß man dem Jungen glauben kann.

3. Wir kennen ihn schon eine Weile und können uns nicht erinnern, daß er uns jemals enttäuscht hätte.

In jedem dieser drei Fälle stehen wir irgendwann einmal vor der Entscheidung: »Glaube ich, oder glaube ich nicht?«

Jemandem etwas zu glauben, was man nicht mit Sicherheit weiß, bedeutet, ein Risiko auf sich zu nehmen.

Lassen Sie uns hier die bisher besprochenen wichtigen Zusammenhänge rund um den Begriff »Glauben« einmal zusammenfassen:

- Glauben oder Nicht-Glauben beginnt bei meinen Gedanken und meinem Vorstellungsvermögen. Mir vorstellen zu können, daß etwas für mich machbar ist, ist der erste Schritt, daran zu glauben, daß ich es schaffen kann.

- Es mir nicht vorstellen zu können kann bedeuten, daß ich es mir gar nicht vorstellen will. Vielleicht suche ich nur nach einer Entschuldigung, weil ich Angst vor meinem eigenen Ziel und den damit verbundenen Schwierigkeiten habe.

- Der Glaube an etwas, dessen ich mir nicht sicher bin, erfordert Risikobereitschaft.

- Schließlich spielt auch die Komponente »Erfahrung« eine Rolle. Wenn ich bisher mit einer Sache, einer Person oder mit mir selbst gute Erfahrungen gemacht habe, fällt es mir leichter, ein Risiko einzugehen, als wenn ich bisher auf diesem Gebiet nur Niederlagen und Enttäuschungen erlitten habe.

Was, so wird der interessierte Leser jetzt vermutlich fragen, kann ich also tun, um den Glauben an mich zu stärken und ihn zu trainieren?

Die Antwort lautet: Der erste Schritt besteht darin, daß Sie im Augenblick einer Entscheidung die Weichen Ihrer Gedanken auf »Ich glaube an mich« stellen.

Denn das »Ich glaube daran, daß ich es schaffe« ist die Voraussetzung für jeden weiteren Schritt, der zur Erfüllung einer Wunschvorstellung führt.

Wenn ich mir sage: »Ich glaube nicht, daß ich es schaffen kann«, dann denke ich erst gar nicht engagiert darüber nach, *wie* ich es schaffen könnte.

Wenn ich aber sage: »Ich glaube daran, daß ich es schaffen kann«, dann ist der nächste Schritt geradezu selbstverständlich. Er besteht darin, mir den besten Weg ans Ziel zu suchen und ihn zu verwirklichen.

Im Augenblick der Entscheidung die Weichen seiner Gedanken auf »Ich glaube an mich« oder »Ich schaffe es« zu stellen setzt vor allem voraus, daß wir uns die Situation einer Entscheidung bewußtmachen.

Die meisten Menschen tun dies nicht. Sie haben sich daran gewöhnt, »gedankenlos« aus einer eingelernten Grundhaltung heraus zu entscheiden.

Diese Grundhaltung lautet:

- Lieber nichts tun als etwas Falsches.

- Was ich nicht kenne, riskiere ich nicht.

- Wenn ich mir der Sache nicht ganz sicher bin, lasse ich sie lieber bleiben.

- Was mir bisher nicht gelungen ist, wird mir auch in Zukunft nicht gelingen.

- Ich bin mit dem zufrieden, was ich habe. Wozu soll ich etwas riskieren?

Alles das sind Argumente der Zweifel und des Nicht-Glaubens. Man hat sie hunderte Male, von Kindheit an, Tag für Tag immer wieder ins Spiel gebracht, bis sie zur Selbstverständlichkeit wurden.

Es sind Argumente der Resignation und des Verharrens im Jetzt.

Wer im Leben vorankommen will, muß sich daraus lösen, indem er seine Gedanken ganz bewußt in eine andere Richtung lenkt. In die Richtung »erfolgreiche Zukunft«.

Und zwar:

1. Indem er dieses positive Denken regelmäßig trainiert.

2. Indem er in Augenblicken der Entscheidung innehält und sich sagt: »Stopp. Meine Richtung heißt: Ich glaube an mich. Ich schaffe es. Alles andere akzeptiere ich nicht. Vor allem will ich mich nicht selbst durch fadenscheinige Ausreden täuschen.«

Das positive Denken zu trainieren bedeutet, daß wir den Glauben an uns genau auf die gleiche Weise stärken, wie ein Boxer seine Reaktionsfähigkeit und die Muskelkraft seiner Arme stärkt, wenn er täglich Dutzende Male gegen einen Sandsack oder eine sogenannte Birne schlägt.

Das Denktraining erfordert keinen materiellen Aufwand. Es kann darin bestehen, daß wir dreimal am Tag einen *ruhigen Ort* aufsuchen, uns *entspannen*, ein *paar ruhige Atemzüge* machen, die *Augen schließen* und *20- bis 30mal denken*: »Was ich mir vornehme, schaffe ich auch. Ich glaube an mich. Gleichgültig, was passiert.«

Versuchen Sie es ganz einfach einmal die ganze kommende Woche lang. Denn nur bloß zu denken: »Ja, ja, das ist eine ganz gute Idee« ist zu wenig.

Der Glaube an sich selbst, also unser Selbstbewußtsein, ist eine Kraft, die trainiert werden muß wie jede andere Fähigkeit, die wir zu unserem Vorteil einsetzen wollen.

Es ist eine praktische Kraft, die nicht von selbst kommt. Mit anderen Worten: Der Glaube an sich ist erlernbar.

Lernen Sie, ohne Schuldgefühl ein Egoist zu sein

Der Glaube an sich bedeutet, sich selbst wichtiger zu nehmen als irgend etwas anderes im Leben. Schon die Vorstellung, daß ich der Mittelpunkt meines Lebens bin, ist eine Frage des Glaubens an mich.

Andere Leute haben uns von Kindheit an immer wieder eingeredet:

- Sei bescheiden und zurückhaltend.
- Bleibe im Hintergrund.
- Rede nichts, wenn du nichts weißt.
- Tue, was man dir sagt.
- Sei nicht vorlaut.
- Der einzelne zählt nicht. Wir müssen zusammenstehen. Und so weiter.

Der Glaube an uns selbst wurde uns systematisch aberzogen, und dieser Vorgang hält ein ganzes Leben lang an. Alle wollen sie von uns, daß wir an *sie* glauben, *ihnen* vertrauen, *ihnen* die Treue halten und ein Leben lang von *ihnen* abhängig sind.

Wer nicht an sich selbst glaubt, braucht irgend etwas anderes, woran er sich festhalten kann. Einen Anker, an den er sich in der Not klammert und wo er Trost in seiner Hilflosigkeit findet.

An sich zu glauben bedeutet, imstande zu sein, sich selbst zu helfen. An andere und ihre Versprechungen zu glauben heißt, sich von ihnen abhängig zu machen.

Zusammenhänge wie diese zu erkennen ist ein Schritt weiter im Verständnis des Begriffes »an sich selbst glauben«.

Ein weiterer Schritt ist das Wissen darüber, wer wir sind, wer wir sein möchten und was wir in unserem Leben erreichen wollen.

Wer nicht weiß, was er will, besitzt kein Objekt für seinen Glauben. In Ermangelung einer eigenen Lebensvorstellung muß er die anderen Leute zu Hilfe nehmen, die allerdings dafür Tribut verlangen.

Unser Glaube ist die Ermunterung, aus der Realität des Jetzt aufzubrechen zur Erfüllung einer schöneren Welt, die wir uns erträumen.

Warum so viele Menschen diesen Aufbruch nicht wagen, liegt an ihrer Phantasielosigkeit.

Sie können sich nicht vorstellen,

- daß es ein schöneres, glücklicheres Leben für sie gibt,

- daß sie über sich hinauswachsen könnten und zu Leistungen fähig sind, die sie sich bisher nicht zugetraut hatten,

- daß der Glaube tatsächlich Berge versetzen kann.

Zugegeben, dies klingt ziemlich hochtrabend und abstrakt. Aber trifft es nicht auf die ungezählten kleinen praktischen Dinge unseres Alltagslebens zu? Jemand beschließt am Abend, in ein Theaterstück zu gehen, von dem er weiß, daß es meistens ausverkauft ist. Aber ein Theaterbesuch würde ihn an diesem Abend glücklich machen.

Aber was denkt er?

Er denkt: »Ich möchte so gerne, aber ich bekomme sicherlich keine Karte mehr.« Er weiß es nicht, weil er sich noch gar nicht erkundigt hat. Trotzdem gibt er auf, noch ehe er sich die geringste Chance auf Erfüllung seines Wunsches gegeben hat.

Seine Killer-Gedanken töten den Glauben.

Er glaubt nicht daran, daß es noch Karten gibt oder daß er vielleicht vor dem Eingang jemanden trifft, der ihm seine Karte aus irgendwelchen Gründen verkauft.

Die Alternative zu dieser Einstellung lautet: »Für mich ist nichts unmöglich.«

Sofort wird jetzt der eine oder andere Leser einwenden: »Was aber ist, wenn es *doch* unmöglich ist?« Die Antwort lautet: »Wer diese Frage stellt, glaubt eben nicht. Er möchte etwas tun, aber stellt es im gleichen Augenblick bereits in Frage. Wie aber kann jemand ein Ziel erreichen, wenn er von vorneherein in Frage stellt, daß er es überhaupt erreichen kann?«

Dies ist der entscheidende Punkt in allen Fragen des Glaubens.

Ich muß mir darüber im klaren sein, daß sich das Leben in zwei Richtungen vollzieht:

- Einerseits kommt es von außen auf uns zu, bestimmt von anderen Menschen, von der Zeit, der Umwelt – der Realität.

- Andererseits entwickelt es sich aus mir heraus und trifft auf die Realität meiner Umwelt. Ob sie uns verändert oder wir sie, hängt davon ab, wie stark wir in unserem Glauben sind, uns durchsetzen zu können.

Der Glaube an uns selbst hat viele Feinde. Einige

davon sind die Gefälligkeit, die Zweifel, die Meinung anderer über uns und die Angst, aus der Reihe zu tanzen.

A sagt: »Die Straßenbahn ist gerade abgefahren, aber ich laufe ihr bis zur nächsten Station nach.«

B sagt: »Du bist ja verrückt, das schaffst du nie.«

A weiß nicht, ob er es schafft. Auch B weiß es nicht.

Der eine glaubt. Der andere nicht. Das ist die Schlüsselsituation in Dutzenden Situationen, mit denen jeder von uns immer wieder konfrontiert wird.

- Gibt A aus Bequemlichkeit nach?

- Oder sucht er die Konfrontation zwischen dem Glauben an sich und der Realität?

Glaubt er jemandem anderen mehr als sich selbst?

Vermutlich gibt es keine bessere Möglichkeit, seinen Glauben an sich selber zu trainieren, als einmal täglich die Konfrontation dieses Glaubens mit den Zweifeln anderer zu suchen und nicht nachzugeben.

Sehr oft, und dies sollten wir nicht vergessen, sind die Zweifel der anderen an unserer Entschlossenheit, etwas Unsicheres zu wagen, nichts anderes als eine Art von Eifersucht. Der andere will nicht, daß wir eine tolle Leistung vollbringen, damit er vor sich selbst die Ausrede besitzt: »Ich versuche es erst gar nicht, *der* hat es ja auch nicht geschafft.«

Wie man sieht, ist die Auseinandersetzung mit dem Glauben an sich selbst vielfach eine Auseinandersetzung mit den manipulativen Versuchen unserer Mitwelt.

Nicht selten spielt dabei der Begriff des Egoismus eine lenkende Rolle. Wenn wir etwas wagen wollen, was anderen nicht in den Kram paßt, beschimpfen sie uns als Egoisten, nennen uns rücksichtslos. Oder sie versuchen, dadurch Schuldgefühle in uns zu erwecken, daß sie uns zeigen, wie schrecklich enttäuscht sie von uns sind, weil wir nicht tun, was sie von uns erwarten.

Was sollten wir aus diesen Tatsachen lernen?

Wir sollten lernen:

1. Die Methoden zu durchschauen, mit denen andere uns von unserem Glauben an uns selbst abbringen möchten.

2. Uns zum Egoismus zu bekennen, und zwar ohne die geringsten Schuldgefühle.

Glaube an sich selbst bedeutet Egoismus.

Warum auch nicht?

Leben wir nicht, um zuallererst uns selbst Freude, Glück und Erfolg zu verschaffen? Sind wir nicht auf dieser Welt zuallererst für unser eigenes Schicksal verantwortlich? Leben wir, um von anderen ausgenützt zu werden?

Es mag schon sein, daß es einige wenige Leute gibt, die ihr Leben dem Wohle anderer Menschen opfern und daraus ihr eigenes persönliches Glücksgefühl beziehen. Das ist ihr gutes Recht. Aber gibt dies irgend jemandem das Recht, uns als verdammte Egoisten hinzustellen, die sich schämen sollten, nur weil sie zuerst an sich und dann erst an das Wohl anderer denken?

Seien wir doch ehrlich: Wie viele der Leute, die den Egoismus verdammen, tun es nur aus Heuchelei? Sie benützen Mitleid, Hilfsbereitschaft und Anteilnahme, um selbst daraus zu profitieren.

Vielleicht profitieren sie davon, daß alle Leute um sie herum voll Hochachtung sagen: »Er ist ein so hilfsbereiter Mensch.« Aber sich durch Hilfsbereitschaft und Mitleid Geltung und Befriedigung zu verschaffen ist im Grunde genommen keine Spur weniger egoistisch, als von vorneherein zu sagen: »Zuerst kümmere ich mich um mein eigenes Glück, dann erst um das Glück der anderen.«

Die meisten von uns haben schon längst erkannt, daß wir alle von Natur aus Egoisten sind. Aber manche Leute verstehen es immer wieder, uns unsicher zu machen und uns im Glauben an uns selbst zu beirren.

Jemandem anderen zu glauben bedeutet letzten Endes, daß er uns von seinen Vorstellungen und mit seinen Argumenten überzeugt hat. Nicht selten sind es völlig sinnlose, widersprüchliche, manchmal sogar selbstzerstörerische Ideen, denen nicht wenige Menschen in ihrem naiven Glauben verfallen.

Zu ihrem eigenen Wohle? Nein. Vorwiegend zum Wohle jener, die sie anbeten, bewundern und für die sie bereit sind, die erstaunlichsten Opfer und Leistungen zu vollbringen.

Also ist es legitim, sich zu fragen: Warum steigere ich mich nicht zu ähnlichen Leistungen, indem ich an mich selbst glaube und diese Leistungen nicht für andere, sondern für mich vollbringe?

Und zwar:

- Egoistisch.

- Konsequent.

- Stur.

- Gegen den Widerstand der anderen.

- Nur für mich.

- Unerschütterlich.

Denken Sie doch einfach in aller Ruhe darüber nach. Über sich nachzudenken, Ihrem Leben einen neuen Aspekt abzugewinnen, den Sie bisher vielleicht noch nie so richtig bedacht haben, zu neuen Erkenntnissen über sich und Ihr Leben zu kommen – das ist alles, was die vorangegangenen Seiten bewirken können.

Alles andere, vor allem den Glauben an sich selbst zu finden, zu stärken und zu nützen – alles das können nur Sie selbst.

Tun Sie es, und hören Sie nie wieder damit auf.

2.

Die Kraft, die aus dem Unterbewußten kommt

Das Unterbewußte.

Für die meisten Menschen ist das ein Wort, mit dem sie nicht viel anfangen können. Selbst im Lexikon stehen so schwerverständliche Aussagen wie: »Das Unterbewußte ist die Gesamtheit unterschwelliger Vorgänge, die vom Ich des Wachbewußtseins nicht wahrgenommen werden, aber zum Teil bestimmenden Einfluß auf sie ausüben.«

Was können wir damit anfangen?

Tatsachen sind:

- Wir können durch unser Denken, mit der Kraft unserer Vorstellung und mit dem Willen unser Handeln planen und bewußt durchsetzen.

- Andererseits aber werden viele unserer Handlungen so gelenkt, daß es uns nicht bewußt wird.

- Das unbewußte Lenkungszentrum wird von verschiedenen Einflüssen programmiert: vom Instinkt der Selbsterhaltung genauso wie von positiven und negativen Impulsen, denen wir ausgesetzt waren oder sind. Aber auch von Schockerlebnissen, die wir verdrängten.

Solche Impulse beeinflussen uns, ohne daß es uns bewußt wird. Sie können unser Leben entscheidend verändern. Zum Glücklichsein oder zu lebenslangem Leiden.

Wer sein Glück selbst bestimmen möchte, kann es nicht dem Zufall seiner Erziehung, eines eingreifenden Kindheitserlebnisses oder den raffinierten unterschwelligen Beeinflussungen durch andere überlassen.

Jeder Mensch sollte nach dem Schlüssel suchen, der ihm das Tor zu seinem Unterbewußten öffnet, damit er hemmende Impulse durch aktivierende ersetzen kann.

Auf den folgenden Seiten finden Sie eine Anzahl von Anregungen, die Ihnen bei der Suche nach diesem Schlüssel helfen können.

Warum sollen immer nur die anderen aus der unbewußten Lenkung unseres Handelns profitieren?

Wer, so wird der interessierte Leser fragen, sollen denn die Leute sein, die durch meine unbewußte Lenkung profitieren?

Nun, es sind zum Beispiel die Leute, die uns durch unterschwellige Werbung dazu veranlassen, ihr Produkt zu kaufen, ohne daß wir es wirklich brauchen.

Mit anderen Worten: Wir kaufen kraft eines Impulses aus dem Unterbewußten etwas, das wir vielleicht niemals kaufen würden, wenn wir unsere Vernunft, also das *bewußte* Denken zur Entscheidungsfindung benützen würden.

Zum Beispiel: Wir kaufen ein für uns viel zu großes, viel zu teures Auto. Und warum? Weil aus unserem Unterbewußten ein Kaufimpuls kommt, der stärker ist als die Vernunft. Diese Stimme lenkt unser Handeln, ohne daß uns bewußt wird, aus welchen Motiven wir das Auto kaufen, das in Wahrheit zu groß und zu teuer für uns ist.

Woher kommt dieser unvernünftige Kaufimpuls? Wie sind diese Motive in unser unbewußtes Lenkungssystem gekommen?

Sie wurden hineinversenkt.

Wer hat sie hineinversenkt?

Leute, die daran interessiert sind, weil sie daraus ihren Vorteil ziehen. Oder aber diese Leute nützen einen Beweggrund geschickt für sich aus, der schon lange Zeit in uns schlummert.

Nehmen wir an, der heute 47 Jahre alte Herr B. ist nicht gerade ein Riese von Statur. Er sprüht auch nicht vor Charme und Ausstrahlung auf seine Mitwelt. Aber er hat es durch Ausdauer und Fleiß zu einigem Wohlstand gebracht.

Er war das vierte Kind eines selbstsicheren, erfolgreichen Vaters, der B. fünfzehn Jahre hindurch immer mit seinem Bruder M. verglich.

Vaters tägliche Formel lautete: »Schau dir deinen Bruder an. Wenn der etwas angreift, dann hat das Hand und Fuß. Du wirst wohl ein Leben lang ein Träumer bleiben, der es zu nichts bringt.«

Herr B. konnte sich anstrengen, wie er wollte, um es seinem Bruder gleich und dem gestrengen Vater recht zu machen. Er fand nie die richtige Anerkennung.

Herr B. hätte gegen seinen Vater aufbegehren können. Aber das wagte er nicht. Also steckte er die ewigen Erniedrigungen weg. Er verdrängte sie in sein

Unterbewußtsein. Dort blieb es verankert. Auch dann noch, als Herr B. schon längst von zu Hause fort war und sein eigenes Leben lebte.

Es war nach außen hin sein eigenes Leben. Aber in Wahrheit lenkte ihn aus seinem Unterbewußtsein heraus noch immer die verdrängte Verachtung seines inzwischen schon verstorbenen Vaters mit der Formel: »Du wirst ein Träumer bleiben, der es zu nichts bringt.«

Diese Formel taucht immer dann auf, wenn Herr B. etwas tun soll, das einen »richtigen Mann« erfordert, das »Hand und Fuß« haben muß und einen »tüchtigen Kerl« verlangt. Einen, wie es in den Augen des Vaters der große tolle Bruder war.

Sie taucht auf und sagt: »Du kannst ja doch tun, was du willst. Es wird dir nie so gut gelingen wie M.«

In dieser Konfrontation des Herrn B. mit der aus seinem Unterbewußtsein wirkenden Kindheit kann er auf verschiedene Weise reagieren:

1. Er kann resignieren und die ihm vom Vater hundertfach suggerierte Versager-Formel als Ausrede benützen, um der Aufgabe aus dem Weg zu gehen.

Er denkt: »Wenn ich es doch nicht schaffe, wozu soll ich mir da überhaupt Mühe geben? Mein Vater hat eben doch recht gehabt.«

2. Er lehnt sich gegen das Urteil seines Vaters auf und denkt: »Wenn ich schon nicht so sein kann wie mein großer starker Bruder, dann werde ich wenigstens auf andere Weise gut.«

Das heißt, er setzt den Versager-Impuls aus dem Unterbewußtsein als Trotzhaltung ein, um seinen Bruder zu übertrumpfen.

Diese indirekte Motivation zur Leistung kann ihm Erfolg und damit Glück verschaffen. Aber es wird kein Glück sein, das einem eigenen direkten Bedürfnis entspricht. Es ist vielmehr die Befriedigung, es dem Vater »gezeigt« und den Bruder übertrumpft zu haben.

3. Schließlich hat B. noch die Möglichkeit, sich seine unbewußte Abhängigkeit von Vater und Bruder bewußtzumachen, indem er sie aus ihrer Verdrängung holt, durch eigene Vorstellungen für sein Leben ersetzt und sich von seiner Abhängigkeit befreit.

Dies ist eine Möglichkeit, wie die Versager-Botschaft des Vaters aus dem Unterbewußten heraus im späteren Leben wirksam werden kann. Wobei anzunehmen ist, daß der Vater seinem Sohn durch sein Verhalten gar nicht bewußt schaden wollte.

Er drückte damit vermutlich nur seine – zugegeben ziemlich engstirnige – Verbitterung darüber aus, daß der Sohn sich nicht so verhielt, wie der Vater es sich wünschte.

Es kann auch sein, daß der Vater den offensichtlich Schwächsten in der Familie dazu benützte, um seine Autorität zu demonstrieren und sich damit durch die Erniedrigung eines anderen selbst zu erhöhen.

Vorgänge wie diese spielen sich in allen Bereichen des Lebens ab. Sie werden den daran beteiligten Partnern selten wirklich bewußt. Weder den aggressiven noch den betroffenen Beteiligten.

Ganz gezielt und mit Methodik hingegen gehen die professionellen Manipulanten vor, wenn sie uns zu ihrem Vorteil auf dem Umweg über unser Unterbewußtsein lenken wollen.

Typisch dafür ist das »Modell Waschmittelwerbung«.

Kaum ein anderes Produkt wird im Fernsehen so eindringlich und kostenaufwendig beworben wie Waschmittel. Tag für Tag wird zu guten Sendezeiten die Hausfrau mit der Botschaft bombardiert: »Kaufe X, es wäscht weißer, schonender, billiger.«

Kaum gewinnt ein Begriff in der Gesellschaft an positiver Bedeutung, wird er sofort als Bestandteil der Werbung verwendet. Wie etwa »Natur« oder »Bio«.

Zwei Elemente dieser Werbung sind besonders interessant, wenn es um die Beeinflussung des unterbewußten Verhaltens der Hausfrauen geht:

- Eindringlichkeit und Vielzahl der Werbebotschaften.

- Das Schuldgefühl, keine gute Hausfrau zu sein, weil die Nachbarin ihre Wäsche weißer und ohne jede dunkle Flecken wäscht.

Was die Anzahl der Werbeimpulse betrifft, so tritt hier im Grunde genommen der gleiche Effekt ein wie im Beispiel des ewig kritisierenden Vaters:

Wenn man tagaus, tagein immer die gleiche oder ähnliche Botschaft hört, will man sie eigentlich gar nicht mehr hören. Es geht der Hausfrau vermutlich auf die Nerven, zum hundertsten Mal die aufdringliche Aussage zu hören, daß X am saubersten wäscht. Sie will es nicht mehr hören, aber sie dreht den Fernsehapparat nicht ab. Sie verdrängt die Botschaft in das Unterbewußte, wo es sich – unbeeinflußt vom bewußten Denken – verankert.

Wenn die Hausfrau dann im Supermarkt vor dem großen Regal mit den vielen Waschmitteln steht, schweift ihr Blick über die Reihen.

Sie ist unsicher. So viele verschiedene Pakete, Namen, Schlagzeilen auf den Verpackungen und Farben. Wie soll sie sich entscheiden? Die Wahrscheinlichkeit ist groß, daß sie sich für etwas entscheidet, das ihr *vertraut* ist.

Aus dem Fernsehen.

Das hat sie gehört. Das kennt sie wenigstens.

Mit anderen Worten: Aus ihrem Unterbewußtsein steigt sozusagen als rettender Engel in der Verunsicherung die verdrängte Botschaft auf: »Nimm X, das kennst du ja. Und es ist besser, etwas zu nehmen, das du kennst, als etwas völlig Unbekanntes, von dem du noch nie gehört hast.«

Ihre Vernunft müßte der Hausfrau in diesen Sekunden der Entscheidung eher sagen: »In der Werbung kann man viel sagen, ich aber überprüfe erst einmal kritisch, welches Produkt für meine ganz persönlichen Bedürfnisse *wirklich* das beste ist.«

Aber dazu hat die Hausfrau keine Zeit. Sie hat noch viele andere Produkte einzukaufen. Dann muß sie schnell noch zum Friseur, in die Boutique, auf die Bank und nach Hause, um für die Familie zu kochen.

Sie ist in Eile und hat keine Zeit, lange Denkprozesse anzustellen. Und diese Eile nützt die Werbung.

In der Eile und der Qual der Wahl verläßt man sich gerne auf das Bekannte, auf das scheinbar Sichere. Man verläßt sich nicht auf das Denken, sondern auf das »Gefühl«. Es ist das »Gefühl«, das gut gezielt, Werbespot um Werbespot, Tag für Tag in unser Unterbewußtsein geträufelt wurde, um genau in solchen Situationen wirksam zu werden.

Das Produkt X zu nehmen ist oft auch eine Frage von Prestige. Man fühlt sich als Hausfrau besser, wenn man das Waschmittel besitzt, das die gescheite, alleswissende, immer blütenweiße Wäsche zeigende nette Dame im Fernsehen vorzeigt, als irgendein unbekanntes Produkt.

Man fühlt sich besser in der Gesellschaft von etwas Bekanntem als in der Gesellschaft von etwas, das man überhaupt nicht kennt oder das keinen »Namen« hat. Da könnte einen die Nachbarin ja verächtlich fragen: »Waaas, dieses Waschmittel nehmen Sie? Davon habe ich aber noch nie etwas gehört.« Und schon fühlt sich die Hausfrau schuldig, nicht das Beste, das Berühmteste, das Bekannteste für das Wohl ihrer Familie gekauft zu haben.

Das sind nur zwei Beispiele, wie unser Unterbewußtsein unser Handeln bestimmt und auf welche Weise professionelle Manipulanten dieses Handeln beeinflussen können.

Es sind, wie gesagt, nur Modelle. Sie werden in vielen Varianten von vielen Leuten, Institutionen, Verführern und Heilbringern angewandt.

Von der Kirche, die uns ihre moralischen Maßstäbe,

gepaart mit Schuldbewußtsein, in das Unterbewußte pflanzt, bis zur Gewerkschaft, die uns davor Angst einjagt, aus der Solidarität auszubrechen und eigene Wege zu gehen.

Wichtig für Sie ist, sich bewußtzumachen, wie sehr unser Unterbewußtsein anfällig dafür ist, von anderen zu deren Wohl und ohne unser Wissen genützt zu werden.

Und sich noch einmal zu fragen: »Wenn andere auf diese Weise mein Unterbewußtsein dazu nützen, für sie Leistungen zu vollbringen, warum nütze ich diese Möglichkeit nicht für mich selbst?«

Lesen Sie nicht einfach über diese Frage hinweg.

Geben Sie sich eine Antwort darauf.

Schließlich lesen Sie diesen Ratgeber nicht nur, um ein paar Informationen zu erhalten, sondern um zu Ihrem persönlichen Nutzen aktiv zu werden.

Sechs Schritte auf dem Weg, das Unterbewußtsein als automatische Lenkung unseres Handelns zu nützen

Grundsätzlich gibt es zwei Möglichkeiten, sein Unterbewußtsein für sich lenken und arbeiten zu lassen:

- Ich will bestehende unterbewußte Einflüsse ändern. Ich will, um bei dem Beispiel des vorangegangenen Kapitels zu bleiben, die Versager-Botschaft meines Vaters durch meine eigene Sieger-Botschaft ersetzen.

- Ich will eine bestehende Fähigkeit ausbauen und maximal für mich nützen.

Beide Ziele kann ich erreichen, wenn ich die neue Zielsetzung so lange und ausdauernd in mein Unterbewußtsein versenke, bis es dort als *bessere* Alternative die alten Lenkungs-Impulse ersetzt hat und die neuen automatisch mein Handeln bestimmen.

Wenn also der bisherige Lenkungs-Impuls gelautet hat: »Ich bin ein Versager. Ich schaffe es ja doch nicht«, kann ich sie durch die alternative Botschaft: »Ich bin stark. Ich schaffe alles, was ich mir vorneh-me« ersetzen.

Die alles entscheidende Frage lautet nun: Wie, mit welcher Technik gelingt mir dieses Vorhaben?

Hier sind die sechs Schritte dieser Technik:

Erstens: Ich erkläre eindeutig, was ich wirklich will, und entscheide mich dazu ohne Wenn und Aber.

Zweitens: Ich lerne, mich zu entspannen. Dies ist die Grundlage jeder Selbstbeeinflussung.

Drittens: Ich entwickle ein Vorstellungsbild, ähnlich einem Werbespot im Fernsehen, wie ich meine Zielsetzung erfülle.

Viertens: Ich entwickle eine Gedankenformel.

Fünftens: Ich versenke diese Programme in mein Unterbewußtsein, bis sie ganz von selbst in der Praxis meines Handelns wirksam werden.

Sechstens: Ich wiederhole diese Übung täglich, regelmäßig und ohne jede Ungeduld oder zwanghafte Leistungserwartung. Ich frage mich nicht ständig: »Wann ist es denn soweit? Wann ändert sich endlich alles zum Besten?«

Ich bin mir vielmehr darüber im klaren, daß es Jahre gedauert hat, bis beispielsweise die Versager-Botschaft meines Vaters als unterbewußter Lenkungs-Impuls für mein Handeln wirksam wurde. Oder: Ich habe mir jahrelang das Rauchen angewöhnt und so weiter. Also darf ich nicht erwarten, daß sich Eingewöhntes von heute auf morgen verändert.

Und noch etwas: Das Unterbewußtsein kann ich nicht durch meinen Willen beeinflussen. Nur durch Ausdauer und Geduld.

Immer mehr Sportler arbeiten gezielt mit dieser Methode, um ihre Leistungen zu steigern. Der legendärste Golfspieler der Welt, der Amerikaner Jack Nicklaus, etwa erklärte einmal: »In den Sekunden bevor ich einen Schlag ausführe, sehe ich vor meinem inneren Auge, wie der Ball fliegt, und lenke ihn dorthin, wo er landen soll.«

Mit anderen Worten, er spielt den *richtigen* Schlag im Geiste durch, ehe er ihn in der Praxis ausführt. Oder, um es noch anders zu sagen: Er programmiert durch geistige Vorstellung des richtigen Ballfluges sein Unterbewußtsein, damit der Körper auf Befehl der unterbewußten Lenkung ganz automatisch den richtigen Schlag ausführt.

Den richtigen Ablauf einer beabsichtigten Handlung geistig ins Unterbewußtsein verankern, bis er von dort aus ganz automatisch abläuft. Dies ist das Geheimnis. Wer es erkennt und beherrschen lernt, nützt die Kraft des Unterbewußten zur Änderung oder Verbesserung seines Lebens.

Noch eindrucksvoller ist das Beispiel des deutschen Arztes Dr. Hannes Lindemann. Er überquerte in einem Paddelboot den Atlantik zwischen Afrika und Amerika. Weil er wußte, daß er auf dieser Fahrt manchmal am Steuer einschlafen oder vor Hitze oder Anstrengung zeitweise das Bewußtsein verlieren würde, programmierte er sechs Monate lang vor dem Start täglich mehrere Stunden lang in sein Unterbewußtsein die Formeln: »Kurs West« und »Ich schaffe es«.

Das heißt: Er versenkte diese Formeln in sein Unterbewußtsein, bis sie sogar im Schlaf oder im Delirium sein Handeln lenkten, wenn das Bewußtsein einmal »ausklinkte«.

Die Methode wirkte. Dr. Lindemann kam ans Ziel.

Wenn dies möglich ist, warum sollten wir nicht ebenfalls Gebrauch von dieser Technik machen? Nicht jeder möchte allein über den Ozean paddeln, aber jeder von uns möchte manches in seiner Beziehung zum Leben, zu anderen Menschen oder zu sich selbst verändern.

Wir möchten unsere Ängste besser in den Griff bekommen.

Wir möchten in Augenblicken der Konfrontation gelassen und selbstsicher sein.

Vielleicht möchten wir uns das Rauchen abgewöhnen.

Nicht wenige von uns werden schon seit langer Zeit den Wunsch haben, viel *freier* zu sein in ihren Entscheidungen und in ihren Beziehungen zu Mitmenschen.

Ganz davon abgesehen, daß jemand, der Tennis oder Golf spielt, Squash oder Billard oder was auch immer, seine Leistung verbessern möchte.

Lassen Sie uns also jetzt die weiter oben angeführten sechs Schritte auf dem Wege in unser Unterbewußtsein näher betrachten.

1.

Ich erkläre, was ich will, und entscheide mich

Ihr Unterbewußtsein kann nur für Sie als automatische Lenkungskraft wirksam werden, wenn es ganz genau weiß, was zu tun ist. Das setzt voraus, daß Sie selbst es wissen.

Viele Raucher schaffen es nur deshalb nie, ihre Gewohnheit loszuwerden, weil sie es nicht wirklich wollen. Sie sagen: »Ich will es einmal versuchen, aber...« Sie sind nicht entschlossen, weil sie keine klare Entscheidung gefällt haben.

Eine halbherzige Zielsetzung kann niemals – oder

höchstens durch Zufall – zu einer ganzen Lösung eines Problems führen. Deshalb müssen Sie Ihre Zielsetzung klar, knapp und eindeutig formulieren.

Sagen Sie nicht: »Ich hoffe, daß ich es schaffe.« Sagen Sie: »Ich schaffe es.«

Gehen Sie dieser Klarheit nicht aus dem Wege. Nehmen Sie einen Schreibblock, ein Arbeitsheft oder auch nur ein Stück Papier, und schreiben Sie auf, was Sie eigentlich wollen.

Formulieren Sie es klar.

Schreiben Sie: »Ich fürchte meinen Chef nicht mehr.« Oder: »Meine Arbeit macht mir Spaß.« Oder: »Was ich lerne, behalte ich.« Oder: »Bei jeder beruflichen Konfrontation bin ich ruhig, sicher und ganz gelassen.« Oder: »Rauchen ist völlig gleichgültig.«

Sagen Sie jetzt nicht: »Ja, aber ...«

Formulieren Sie vorausschauend das, was Sie erreichen wollen, so, als hätten Sie es schon erreicht. Mit anderen Worten: Nehmen Sie durch Ihre Formulierung den Erfolg vorweg.

Wie Dr. Lindemann mit seinem: »Kurs West. Ich schaffe es«, das er in sein Unterbewußtsein versenkte, lange bevor er sein Boot bestieg.

2.

Ich lerne, mich zu entspannen

Ehe wir die Verbindung in unser Inneres herstellen, müssen wir die Verbindung nach außen, zu den augenblicklichen Problemen, Sorgen, Unsicherheiten und Zweifeln abbrechen. Wir müssen sozusagen den Kommunikationsweg frei machen.

Das heißt praktisch: sich entspannen, sich ruhigstellen, die Augen schließen, abschalten. Das beste Mittel dazu ist der Atem. Ruhiges Atmen entspannt. Atmen Sie ganz ruhig, aber rasch ein. Verfolgen Sie den Weg des Atems bis unterhalb des Nabels. Stellen Sie sich beim Ausatmen vor, wie sich die beruhigende Kraft im ganzen Körper verteilt.

Stellen Sie sich vor, wie Sie sich entspannen.

Das ist wichtig: Stellen Sie es sich vor, statt sich zu fragen: »Mache ich es richtig?« Oder: »Entspanne ich mich auch wirklich?«

Stellen Sie es sich vor, *daß* Sie sich jetzt entspannen. So lange, bis Sie entspannt sind.

3.

Stellen Sie sich bildlich vor, wie Sie Ihr Problem lösen

Hoffen Sie nicht, daß Sie es so lösen, sondern stellen Sie es sich als vorweggenommene Realität vor.

- Wie Sie sich freuen, wenn das Telefon klingelt. Falls bisher dieses Klingeln mit dem Angst-Impuls verbunden war: »Hoffentlich will jetzt nicht jemand etwas von mir, wozu ich nicht imstande bin.«

- Stellen Sie sich vor, wie Sie morgens um Punkt sieben Uhr fröhlich und leicht aus dem Bett springen, die Arme in die Höhe werfen und sich freuen, wenn bisher das Aufstehen am Morgen Ihr Problem war.

Visualisieren Sie die Vorwegnahme der Lösung, die Sie in Ihrer Zielsetzung anstreben.

Aber hoffen Sie nicht, daß es später so geschieht. Versuchen Sie auch nicht, es zu erzwingen. Sondern »senden« Sie diesen Ihren positiven Werbespot immer wieder, beharrlich Tag für Tag in Ihr Unterbewußtsein, bis es dort verankert ist und ganz von selbst wirksam wird.

4.

Entwickeln Sie eine Gedankenformel

»Ich schaffe es« ist eine Gedankenformel, die Sie sich täglich 30mal vorsagen können. Manche Menschen haben nicht genug Phantasie, um sich ein vorweggenommenes Vollzugsbild vorzustellen, wie es in Punkt drei dieser Anleitung vorgeschlagen wird.

Wenn Sie zu diesen Menschen gehören, versuchen Sie es mit einfachen Gedankenformeln.

Ideal wäre allerdings, wenn Sie beide Möglichkeiten verbinden könnten. Ein Fußball-Torwart, der diese Technik in einem »Lebensschule«-Seminar kennenlernte, stellt sich seither täglich zweimal alle Variationen des Ballfangens vor. Er läßt eine nach der anderen vor seinem inneren Auge wie einen Film ablaufen. Immer verbunden mit dem Bild, wie er den Ball fest und sicher fängt und an sich zieht.

Zwischendurch aber denkt er 20- bis 30mal die Formel: »Ich bin eins mit dem Ball. Wo der Ball auch ist, da bin ich auch. Kein Ball der Welt ist schneller als ich.«

5.

Versenken Sie die Programme in Ihr Unterbewußtsein

Wenn Sie auch nicht wissentlich oder willentlich in Ihr Unterbewußtsein vordringen können, Sie schaffen es mit der geduldigen Wiederholung einer Botschaft.

Dies ist einer der wichtigsten Punkte dieses ganzen Programms. Viele Menschen scheitern daran, weil sie voll Ungeduld sind. Sie *wollen* und sie wollen den Erfolg auch noch erzwingen. Damit müssen sie scheitern. Denn *denken* und *wollen* vollziehen sich auf einem ganz anderen Kommunikationsweg als die unbewußte Lenkung.

Wer nicht warten kann, bis die Wirkung von selbst eintritt, hat wenig Chance auf Erfolg. Das sollten Sie wissen, ehe Sie es mit der hier beschriebenen Technik über das Unterbewußtsein versuchen.

6.

Üben Sie täglich

Genauso wichtig ist es, seine Versenkungsübungen täglich zu machen. Fünf bis zehn Minuten genügen. Aber sie sollen täglich ein- bis zweimal durchgeführt werden.

Vielleicht am Morgen, ehe Sie aus dem Bett steigen. Oder während einer Taxifahrt oder einer Fahrt in der Straßenbahn. Eine Ruhepause auf einer Parkbank kann dazu benützt werden. Oder die Zeit, während Sie beim Zahnarzt, auf dem Bahnhof oder anderswo auf irgend jemanden oder auf irgend etwas warten.

Denn: Wenn Sie möchten, daß die Kraft des Unterbewußtseins Sie täglich bei der Lösung Ihrer Probleme unterstützt, müssen Sie diese Kraft auch täglich trainieren.

3.

Die Kraft der Konzentration

Vermutlich gibt es niemanden unter uns, dem man nicht schon gesagt hätte: »Konzentriere dich doch endlich« oder der sich nicht selbst schon ungeduldig ermahnt hätte: »Ich muß mich auf diese Sache besser konzentrieren.«

Aber hat uns schon jemand ganz genau erklärt, was das überhaupt bedeutet, dieses »Konzentriere dich«? Die einfachste Definition ist noch: »Denke, während du diese eine Sache machst, nur an sie und an nichts anderes.«

Das ist, wie gesagt, nur eine mögliche Definition. Aber was fange ich mit ihr an, wie lerne ich es, mich zu konzentrieren?

Dieses Kapitel beschäftigt sich mit den Zusammenhängen rund um den Begriff der Konzentration und versucht darüber hinaus dem interessierten Leser einige Übungsanleitungen zu geben. Denn sicher ist: Wenn der Glaube an sich selbst oder die Beeinflussung des Unterbewußtseins erlernbar sind, dann gilt dies auch für die Konzentration.

Es mag sein, daß manchem wissenschaftlich geschulten Leser die hier angebotenen praktischen

Lösungen zu einfach erscheinen, weil sie unkompliziert angeboten werden. Aber es ist nun einmal typisch für alles Wissenschaftliche, einfache Dinge so lange hin und her zu wenden, abzusichern, auszudeuten, zu vergleichen und sich dabei auf nichts so recht festzulegen, bis sie für den Laien und seine täglichen Lösungsversuche völlig unbrauchbar geworden sind.

Dieser Ratgeber aber ist ein praktisches Buch. Mit den Erfahrungen von Menschen, als Anregung für andere Menschen niedergeschrieben. Nichts ist wissenschaftlich fundiert. Vielleicht aber ist es gerade deshalb für einen praktisch interessierten Menschen leicht nachvollziehbar.

Nichts an diesem Ratgeber ist vollständig, und nirgendwo wird der Anspruch erhoben, die einzig richtige Lösung oder gar eine Wahrheit zu verkünden.

Der Begriff »Glaube« beispielsweise, um den es im ersten Kapitel geht, wird nicht selten als etwas ausgegeben, auf das die Religion oder die Kirche ein Monopol besitzt. Mit anderen Worten, der Gläubige solle tun, was man ihm sagt, und nicht weiter darüber nachdenken, warum etwas so ist, wie man ihm sagt.

Ähnlich verhält es sich mit einem Begriff wie »Unterbewußtsein«. Davon, so will man uns weismachen, verstünden nur Psychologen etwas. Was immer wir in diesem Zusammenhang versuchen, sollten wir unter der Obhut eines Arztes oder Fachmannes tun.

Wir aber gehen davon aus, daß zuallererst wir selbst Fachleute für uns selbst sein wollen. Für unsere Pläne, unsere Wünsche, unseren Körper, unsere Gesundheit und ein glückliches Leben.

Wenn Sie ein Problem haben, von dem man sagt, es sei ein psychisches Problem, dann können Sie selbstverständlich sofort zu einem Psychologen, Therapeuten oder Psychiater gehen. Sie können allerdings statt dessen oder gleichzeitig auch selbst damit anfangen, die Ursachen Ihres Unbehagens oder Leidens zu ergründen und nach Lösungen zu suchen.

Dies gilt für den Umgang mit dem Glauben und dem Unterbewußtsein genauso wie für alle Themen, die hier noch zur Sprache kommen. Auch für den Begriff »Konzentration«.

Fünf Widerstände, die der Konzentration im Wege stehen

Noch nie zuvor waren die Menschen in unseren Ländern so vielfältigen Einflüssen und Ablenkungen ausgesetzt wie in unserer Zeit. Ständig werden wir ermuntert, vor Dingen wegzulaufen, die uns nicht angenehm sind.

Wenn Ehemänner abends mit ihren Frauen nicht über ihre Alltagssorgen reden wollen, drehen sie im Fernsehen die Sportschau auf, oder sie müssen unbedingt die nächste Fortsetzung der Serie X sehen.

Dies ist nur ein Beispiel, wie leicht es geworden ist, vor sich selbst, seinen Problemen und Schwierigkeiten davonzulaufen. Vor einer Sache davonlaufen, sie auf später verschieben, weil angeblich im Augenblick etwas anderes viel wichtiger ist. Oder, um es noch deutlicher zu sagen: Während wir eine Sache machen, denken wir gleichzeitig schon an die nächste und übernächste.

Es kann auch sein, daß wir kaum damit angefangen haben, etwas zu erledigen, da lenken uns schon die Gedanken daran ab, was sein könnte, wenn wir es nicht schaffen.

Ständig denken wir dann: »Wenn ich versage, was werden da die anderen Leute sagen?«

Es dauert nicht mehr lange, bis wir über Entschuldigungen für ein mögliches Versagen nachdenken, obwohl wir noch gar nicht richtig angefangen haben, die Aufgabe zu Ende zu bringen.

Ist es da ein Wunder, wenn wir tatsächlich versagen?

Wir verwenden ja nur die Hälfte unserer Energie darauf, uns auf die Sache selbst zu konzentrieren. Die andere Hälfte vergeuden wir für die Angst, die wir uns machen. Ganz davon abgesehen, daß jemand nicht wirklich erfolgreich sein kann, wenn er von Anfang an seine Niederlagen an die Wand malt.

Das ist einer der fünf Widerstände, die der Konzentration im Wege stehen und von denen in diesem Kapitel die Rede ist. Hier sind sie alle zusammen:

1. Die Unfähigkeit, seine Gedanken zu kontrollieren und negatives durch positives Denken zu ersetzen.

2. Die Ungeduld und die ständige Angst, wir könnten etwas versäumen.

3. Die Unentschlossenheit in der Bewertung der Dinge, die wir tun sollten.

4. Die falsche Zeitvorstellung davon, wann der richtige Zeitpunkt ist, etwas zu tun, und wieviel Zeit es in Anspruch nehmen soll.

5. Die Unlust an dem, was wir tun, weil wir unfähig sind, allem in unserem Leben genügend Spaß abzugewinnen.

Beschäftigen wir uns nun mit diesen fünf Hindernissen näher, ehe wir darangehen, Techniken ihrer Überwindung aufzuzeigen.

Hindernis 1:

Die Unfähigkeit, seine Gedanken zu lenken

Wenn das Unterbewußte *ein* lenkendes Instrument unseres Handelns ist, dann ist das andere unser Denken. Vermutlich denken wir in zwei Ebenen:

- In der Ebene vorhandener Erfahrungen, Vorbilder und eingelernter Regeln.

- In der kreativen Ebene, in der wir Vorhandenes mit Erdachtem in Einklang bringen, aus dem sich dann neue Formen ergeben.

Wenn das Zusammenspiel beider Ebenen funktioniert, ist unser Denken in Bewegung. Aus dem Bisherigen entsteht Neues. Wir wagen uns aus der Sicherheit des Bekannten in bisher Unbekanntes. Wir sind bereit, auf Grund neuer Erkenntnisse Überholtes über Bord zu werfen und durch Formen zu ersetzen, die dem Jetzt besser entsprechen.

Wer seine Gedanken lenken will, muß sie zwischen diesen beiden Ebenen in Bewegung bringen. Er darf sich nicht nur in seinen Entscheidungen auf das Altbewährte berufen und sagen: »Das habe ich immer schon so gemacht. Das beherrsche ich.«

Wer das sagt, lenkt seine Gedanken nicht. Ganz im Gegenteil. Er wird von seiner Erfahrung gelenkt. Was er immer schon tat, bestimmt für alle Zeiten, was er auch weiterhin tun wird. Es wird zur selbstverständlichen Gewohnheit, die keines Denkens mehr bedarf.

Wir alle aber wissen, daß sich Menschen, Umstände und Voraussetzungen ständig ändern. Was gestern noch für uns richtig war, kann heute schon falsch sein. Wenn wir unsere Gedanken nicht beweglich lenken und den neuen Erfordernissen anpassen, wird auch die gestern noch richtige Lösung heute falsch sein.

Seine Gedanken zu lenken heißt also zuallererst, sie flexibel zu machen und in Bewegung zu bringen.

Diese Bewegung ist die Voraussetzung dafür, sie in die von uns gewünschte Richtung lenken zu können. Denn, um es noch einmal zu betonen: Ein von erstarrten Formen bestimmtes Handeln aus liebgewordener Gewohnheit läßt auch unser Denken erstarren.

Sich auf eine Sache zu konzentrieren bedeutet, alle seine Gedanken auf den Gegenstand und auf das Jetzt zu lenken und daran zu hindern, abgelenkt zu werden.

Hindernis 2:

Die ständige Angst, etwas zu versäumen

Wir alle kennen die Ungeduld, wenn wir mit einer Sache, die wir uns vorgenommen haben, nicht so richtig vorankommen. Wir fangen an, uns zu fragen: »Ist das wirklich das Richtige, was ich da tue?« Und: »Hat mein Nachbar nicht eine viel bessere Lösung gefunden, der wir uns auch anschließen sollten?«

Wir sind ständig auf der Suche nach dem Besten, Neuesten und Schönsten, aber wir können uns nie dazu entschließen, was für uns eigentlich das Schönste oder Größte ist. Ganz davon abgesehen, daß das Neueste schon einen Tag später nicht mehr neu ist und vom neuen Neuesten abgelöst wird.

Die Angst, etwas zu versäumen, entsteht zweifellos

durch unsere Unfähigkeit, uns für eine Sache zu entscheiden und uns damit so lange zu identifizieren, bis sie verwirklicht ist.

Die erste Entscheidung für uns lautet also: »Ich habe alle mir zugänglichen Alternativen geprüft und eine Sache als die für mich beste erkannt.«

Die zweite Entscheidung lautet: »Ich identifiziere mich damit so lange, bis ich sie zu Ende gebracht habe, ohne mich in meinem Vorgehen beirren zu lassen.«

Wer diese beiden Entscheidungen fällt, hat einen wichtigen Schritt zur Konzentration gemacht. Er programmiert damit seine Gedanken auf »Vollzug« und nicht auf die unsichere Suche nach ständig neuen Alternativen.

Dabei kann es natürlich passieren, daß wir nach Vollendung einer Aufgabe erkennen, daß es eine bessere Lösung gegeben hätte. Da aber ist es besser, *eine* nicht ganz perfekte Lösung konzentriert vollendet zu haben, als ständig durch die Suche nach der allerbesten Lösung von seinem Handeln abgelenkt zu sein.

Hindernis 3:

Die Unentschlossenheit in der Bewertung der Dinge

Die Wertung der Dinge, die uns im Alltagsleben wichtig erscheinen, erfolgt meistens von zwei Standpunkten aus:

- Dem Standpunkt der Mitwelt.
- Unserem eigenen Standpunkt.

Nur selten ist es dabei so, daß wir sagen könnten: »Diese Sache mache ich, und es ist mir völlig gleichgültig, welche Wirkung das Ergebnis auf meine Umwelt hat.«

Wir werden bei den meisten unserer Entscheidungen Kompromisse zwischen unserem eigenen Interesse und den Erfordernissen der Mitwelt schließen. Im günstigen Falle ist es ein bewußter Kompromiß, der unserem Vorteil dient.

Dies zu verstehen ist wichtig, denn wir alle sind ständig in Versuchung, unsichere Kompromisse zu schließen. Wenn wir beispielsweise etwas tun möchten, das uns persönlich große Freude machen würde, aber voraussehen, daß wir bei einigen Leuten anecken werden.

Wenn wir nun aus reiner Gefälligkeit mehr auf die

anderen Rücksicht nehmen als auf unseren eigenen Vorteil, schaffen wir damit Unruhe in unseren Gedanken.

Statt in der Vorfreude auf ein positives Ergebnis unsere Gedanken ganz auf die Sache zu lenken, werden wir ständig vom Ärger abgelenkt. Wir machen uns Vorwürfe, wieder einmal nachgegeben zu haben, wo wir konsequent und egoistisch hätten bleiben sollen.

Wie es eben ist, wenn wir aus reiner Gefälligkeit zugunsten anderer handeln. Wir tun es, aber unser Denken ist so von Ärger über uns selbst erfüllt, daß wir schwach geworden sind und uns übertölpeln ließen.

Dieser Ärger verhindert die Konzentration.

Wenn wir andererseits einen für uns günstigen Kompromiß geschlossen haben, sind wir mit unserem Wunsch in Harmonie. Wir sind positiv eingestimmt. Kein Ärger lenkt uns ab.

Wir können uns freuen und sind ausgeglichen.

Wir sind konzentriert.

Hindernis 4:

Die falsche Zeitvorstellung

Was immer wir auch tun wollen, irgendwann ist der einzig richtige Zeitpunkt, es zu tun. Es ist der Zeitpunkt, zu dem alle wichtigen Voraussetzungen günstig sind. Diese Voraussetzungen sind:

- Ich selbst bin dafür vorbereitet.
- Andere Beteiligte sind motiviert.
- Die Sache selbst ist reif. So, wie ein Apfel reif ist, um ganz von selbst vom Baum zu fallen.

Immer wieder können wir feststellen, daß wir uns tagelang um die Lösung eines Problems bemühen, aber wir schaffen es einfach nicht. Irgend etwas läuft nicht richtig, sosehr wir uns auch anstrengen.

Dann aber, nicht selten zu einer Zeit, zu der wir es schon nicht mehr erwarten, gelingt die Lösung durch einen scheinbar völlig kraftlosen Anstoß.

Es passiert sozusagen ganz von selbst. Und warum? Weil erst jetzt alle wichtigen Voraussetzungen erfüllt sind.

Es ist verständlich, daß unsere Konzentration allmählich nachläßt, wenn uns die Lösung eines Problems einfach nicht gelingen will.

Dies liegt unter anderem daran, daß wir die Konzentration zum falschen Zeitpunkt eingesetzt haben.

Wenn wir aber die Fähigkeit ausbilden, für jede Sache genau den richtigen Zeitpunkt zu erkennen, wann sie getan werden kann, bedarf es nur einer kurzen Zeit intensiver Konzentration.

Wir setzen sie rationell und wirkungsvoll ein.

Eine andere Frage des Zeitverständnisses ist die Dauer, die wir zur Bewältigung einer Aufgabe vorsehen.

Uns allen passiert es immer wieder, daß wir denken: »Mit dem bin ich gleich fertig. Das mache ich mit links.« Voll Elan gehen wir ans Werk. Unsere Einstellung ist locker, weil es ja nur um eine Kleinigkeit geht. Wir sind konzentriert.

Allmählich aber müssen wir erkennen, daß wir die erforderliche Anstrengung unterschätzt haben. Enttäuschung folgt. Der Elan ist wie weggewischt. Auch die Konzentration ist irritiert.

Wenn wir hingegen mehr Zeit dafür verwendet hätten, vorher den tatsächlichen Aufwand zu erkennen, der für die Lösung der Aufgabe notwendig ist – auch den Aufwand an Zeit –, hätten wir unsere Kräfte und die Konzentration besser einteilen können.

Eine Stunde lang an einer Sache zu arbeiten, für die wir nur 30 Minuten eingeplant haben, läßt in der zweiten halben Stunde unsere durch die Enttäuschung irritierte Konzentration stark absinken.

Hindernis 5:

Die Unlust an dem, was wir tun

Viele Menschen beginnen ihre Arbeit mit dem verbitterten Gedanken: »Ich weiß gar nicht, wozu ich das überhaupt mache.« Oder: »Ich sehe keinen Sinn darin, ich bringe es halt über die Runden.«

Es versteht sich ganz von selbst, daß jemand sich unter dieser Voraussetzung nicht auf eine Arbeit konzentrieren kann. Unlust ist einer der gefährlichsten Feinde der Konzentration.

Meistens erträgt man sie nur dadurch, daß man während der Arbeit an andere, angenehmere Dinge denkt. Aber mit den Händen hier zu sein und den Gedanken ganz woanders – dies ist genau das Gegenteil von Konzentration. Kein Wunder, daß daraus weder Erfolgserlebnisse noch Selbstvertrauen entstehen kann.

Ein verhängnisvoller Kreislauf entsteht, der auf folgende Weise funktioniert:

- Mir macht die Arbeit keinen Spaß.

+ Ich bin deshalb unkonzentriert.

+ Die dadurch entstehenden Fehler bringen mich in Schwierigkeiten.

+ Diese Schwierigkeiten bewirken neue Unlust.

+ Die neuerliche Unlust vermindert meine Konzentration weiter. Und so fort.

Wie wir sehen, ist Konzentration nicht einfach eine Fähigkeit, die man hat oder nicht. Sie besteht aus verschiedenen Komponenten, die man erkennen sollte, ehe man darangehen kann, sie zu erlernen.

Mehr darüber im folgenden Kapitel.

So lernt man Schritt für Schritt, sich besser zu konzentrieren

Wir haben im vorangegangenen Kapitel erfahren, welche fünf Hindernisse unserer Konzentrationsfähigkeit im Wege stehen. Lassen Sie uns jetzt fünf Möglichkeiten vorschlagen, sie zu verbessern.

Hier sind sie:

1. Machen Sie sich eine Liste der Aufgaben, die Sie an einem Tag bewältigen wollen. Das Wichtigste zuerst, das weniger Wichtige danach.

2. Geben Sie durch Pausen der Sammlung dem Willen zum Handeln einen kräftigen Stoß.

3. Finden Sie den richtigen Zeitpunkt, wann eine Sache getan werden soll.

4. Geben Sie der Erledigung einer Aufgabe die Zeit, die sie braucht.

5. Tun Sie das, was Sie tun wollen, in machbaren kleinen Schritten.

Das sind fünf Hinweise, die Sie ohne große Schwierigkeiten in die Tat umsetzen können. Vorausgesetzt natürlich, Sie meinen es ernst mit dem Bemühen, Ihre Konzentrationsfähigkeit zu verbessern.

Viele Menschen, die sich daranmachen, Änderungen alter Gewohnheiten herbeizuführen oder Fähigkeiten zu perfektionieren, gehen die Sache mit viel zu großem Ernst an. Noch ehe Sie damit beginnen, stellen Sie sich das, was Sie tun wollen, als Mühe und harte Arbeit vor.

Arbeit, meinen sie, müsse mit Schweiß verbunden sein. Man müsse sich im Leben quälen, um ein guter Arbeiter, Angestellter oder eine gute Hausfrau zu sein. Wie man überhaupt jemanden für einen fleißigeren und effizienteren Arbeiter hält, der ständig tätig ist und sich nie Ruhe gönnt.

Ein guter Manager, so lautet das Rollenbild, muß rastlos unterwegs sein, immer gehetzt, darf nie Zeit für die Familie haben. Er fährt im schnellen Auto und nimmt sich Akten, Pläne und Verträge mit nach Hause, um sie noch vor dem Einschlafen im Bett zu studieren.

So oder ähnlich lautet die Vorstellung in unseren Ländern von Schaffenskraft und vom Erfolgreichsein.

Wir sollten versuchen, im Zusammenhang mit der Konzentration eine andere Vorstellung von Leistung und Arbeit zu entwickeln. Eine Vorstellung, die zwei wichtige Lebens-Grundsätze einbezieht:

- Den Grundsatz von Spannung und Entspannung.

- Den Grundatz der kleinen machbaren Schritte.

Wenn wir unseren Körper oder Geist angestrengt zur Bewältigung einer Aufgabe einsetzen, reichen die erforderlichen Kräfte nur für eine bemessene Zeit. Von einem bestimmten Zeitpunkt an lassen sie dann stark nach, wenn man ihnen nicht zwischendurch eine Pause der Sammlung und Regeneration gönnt.

Sich auf eine Aufgabe zu konzentrieren kann als eine Art dramaturgischer Ablauf gesehen werden:

Erste Phase: Wir lernen die Aufgabe erst einmal kennen. Sind noch neugierig und voll Tatendrang.

Zweite Phase: Wir wissen mehr über die Aufgabe und fällen – bewußt oder unbewußt – die Entscheidung, wie wir uns zu ihr stellen. Ob wir uns eine Lösung zutrauen oder ob wir an einem Erfolg zweifeln. Mit anderen Worten: Wir motivieren uns für die Lösung der Aufgabe – oder wir entmutigen uns von vorneherein.

Dritte Phase: Wir machen uns an die Arbeit, und bereits jetzt ist vorgezeichnet, wie sich unsere Konzentration verhält. Wenn wir gedacht haben: »Ich weiß nicht recht, ob ich da überhaupt eine Chance habe«, wird die Konzentration von Anfang an vermindert sein.

Wenn Sie mit einem »Na denn los. Wollen wir doch einmal sehen« ans Werk gingen, ist Ihre Konzentration zweifellos stärker.

Vierte Phase: Nach einiger Zeit des angestrengten Bemühens wird Ihre Fähigkeit, sich zu konzentrieren, nachlassen. Etwa dann, wenn Sie einen ersten Teilerfolg erringen und wissen: »Ich schaffe es.«

Wer den weiter oben erwähnten Grundsatz von Spannung und Entspannung kennt, wird an diesem Punkt seine Arbeit unterbrechen. Er wird eine Pause der Sammlung einschalten.

Er wird, und das unterscheidet ihn vom rastlosen Arbeiter, sich über den ersten kleinen Erfolg freuen. Er wird es genießen, einen Schritt weitergekommen zu sein. Diese Freude wird sein allgemeines Selbstbewußtsein aufbauen.

Lassen Sie uns diesen Punkt noch einmal eindringlich wiederholen: Sich zur richtigen Zeit eine Pause der Sammlung zu gönnen baut unser Selbstbewußtsein auf und motiviert uns gleichzeitig für die Lösung des nächsten Schrittes.

Fünfte Phase: Nach dieser nützlichen Verzögerung gehen Sie gestärkt an die Bewältigung des folgenden Schrittes, bis die Aufgabe gelöst ist. Es ist der Höhepunkt, das Happy-End in der Dramaturgie Ihrer Problemlösung.

Wer sich mit Schlußfolgerungen wie diesen anfreunden kann, sollte auch ein wenig über die Funktion der schon erwähnten Leichtigkeit bei der Arbeit nachdenken.

Eine Pause einzulegen, sich aufzulockern und zu entspannen, löst körperliche Verkrampfungen genauso wie die geistigen. Es stärkt auch die Konzentrationsfähigkeit neu.

Sich das Prinzip von Spannung und Entspannung bei der Arbeit zu eigen zu machen bedeutet im Grunde genommen nichts anderes, als einem Hinweis der Natur zu folgen. Er lautet: Arbeite bei Tag und ruhe dich nachts aus.

Die Natur hat uns auf diesen Rhythmus eingestellt. Daß wir uns nicht mehr daran halten, liegt an uns und daran, daß wir meinen, wir müßten Körper und Geist und unserem gesamten Wesen neue Gesetze des Lebens, die Gesetze der unersättlichen Zivilisation aufzwingen.

Was hat das alles, wird der kritische Leser vielleicht jetzt fragen, mit der Konzentration zu tun? Nun: Wer die wesentlichen Zusammenhänge des Lebens nicht versteht, wird vermutlich auch die sich daraus ergebenden Folgerungen für Details nicht begreifen.

Wer aber erkennt, daß die Natur dem Menschen den Tag zum Arbeiten und die Nacht zur Zeit der Entspannung und Regeneration als Lebensrezept verschreibt, wird es logisch finden, daß auch die Fähigkeit der Konzentration davon abhängt, ob wir sie nach jeder Anspannung mit einer Entspannung neu aufladen.

Lassen Sie uns nach diesen grundsätzlichen Überlegungen noch einmal konkret auf die fünf Möglichkeiten zurückkommen, unsere Konzentration zu verbessern:

1.

Machen Sie eine Liste.
Das Wichtigste zuerst

Für viele Menschen beginnt die Konzentrationsschwäche damit, daß sie die Dinge, die sie in einer bestimmten Zeit erledigen möchten, weder ordnen noch werten können.

Oder gar nicht werten wollen.

Eine solche Wertungsliste aufzustellen bedeutet nämlich zweierlei:

- Man muß sich entscheiden. Ein Erfordernis, dem manche Leute aus Bequemlichkeit von vorneherein aus dem Wege gehen.

- Man muß nach getaner Arbeit Rechenschaft ablegen. Wer sich von vorneherein nicht wirklich auf die Lösung einer Aufgabe konzentrieren will, wird versuchen, jeder wirklichen Rechtfertigung aus dem Wege zu gehen.

Dies ist eines der entscheidenden Probleme bei Menschen, die sich nicht konzentrieren können: Sie wollen sich nicht festlegen. Sie wollen sich irgendwie durchschwindeln. Nicht selten dadurch, daß sie viel Wind machen, aber in Wahrheit keine echte Leistung erbringen.

Wer eine Liste der Dinge aufstellt, die er in einem bestimmten Zeitraum erledigen will, legt sich fest. Er stellt sich der späteren Rechtfertigung. Vor sich selbst. Oder auch vor anderen Leuten.

Es kann eine Liste sein, die man abends für das macht, was am nächsten Tag getan werden soll.

Es kann ebensogut eine Liste der Schritte sein, die für die Lösung einer einzelnen Aufgabe erforderlich sind.

2.

Schalten Sie zum richtigen Zeitpunkt eine Pause ein

Nach dem erwähnten Grundsatz von Spannung und Entspannung entwickelt sich nichts in unserem Leben und Handeln als ununterbrochene Kontinuität. Es entwickelt sich in Hochs und Tiefs.

Das gilt für unser Leben und auch für die Lösung jeder Aufgabe. Es gilt für unsere Gefühle und unsere Beziehung zu den Mitmenschen.

Überall gibt es Höhepunkte und Momente der größten Freude. Aber das Wesen jedes Höhepunktes besteht darin, daß mit ihm ganz automatisch der Rückweg zum Tief einsetzt. Eine offensichtlich notwendige Rückkehr in eine Phase der Erneuerung, Sammlung und Motivation für den neuerlichen Aufstieg zum Gipfel.

Entscheidend dabei ist, daß wir den Hinweis zum Innehalten, den uns unser Körper, die Natur und auch unsere Konzentrationsfähigkeit gibt, auch hören und befolgen.

Viele Menschen haben es sich längst zur Gewohnheit gemacht, das Gegenteil zu tun. Wenn ihnen ihr Körper Müdigkeit signalisiert, ruhen sie sich nicht aus, sondern überspannen ihre Kräfte durch Aufputschmittel.

3.

Finden Sie den richtigen Zeitpunkt, wann eine Sache getan werden soll

In unserer Ungeduld neigen wir dazu, einen Erfolg zu erzwingen und der Konzentrationsfähigkeit durch Kaffee, Zigaretten oder Medikamente Gewalt anzutun. Genauso versuchen wir, die Lösung einer Aufgabe aus Ehrgeiz zu erzwingen.

Wir versuchen es in geschäftlichen Dingen genauso wie im privaten Leben. Oder im Umgang mit Partnern und mit unseren Kindern.

Ein Kind, so bilden sich viele Eltern ein, müsse ganz einfach das tun, was von ihnen gerade jetzt verlangt wird. Ohne Rücksicht darauf, ob das Kind in seiner Entwicklung überhaupt schon dafür reif, fähig und motiviert ist.

Diese Rücksichtslosigkeit für die Situation der Kinder ist zweifellos ein Grund dafür, daß so viele von ihnen an Konzentrationsschwäche leiden. Obwohl Eltern gerne die Ausrede gebrauchen, das Fernsehen oder andere Ablenkungen seien allein daran schuld.

Deshalb sollten wir einen weiteren Hinweis in die Verbesserung unserer Konzentration einbeziehen: die Rücksicht darauf, daß alle an der Lösung einer Aufgabe beteiligten Komponenten »reif« sind. Ob also auch ein Partner genügend informiert und motiviert ist und die Fähigkeit besitzt, zu diesem Zeitpunkt an der Lösung mitzuwirken. Nichts schwächt unsere Konzentration auf die entscheidenden Phasen einer Arbeit so sehr wie die Enttäuschung über einen Partner, der nicht »mitzieht«.

4.

Geben Sie der Erledigung einer Aufgabe die Zeit, die sie braucht

Es macht sich vielfach bezahlt, sich vor Beginn einer Arbeit genug Zeit zu nehmen, um den Aufwand richtig zu kalkulieren. Den Aufwand an Kraft wie den Aufwand an Zeit.

Allein die Enttäuschung darüber, daß die Bewältigung einer Sache doppelt so lange dauern wird, als Sie vorgesehen haben, schwächt Ihre Konzentration oft so erheblich, daß Sie einen Mißerfolg erleiden.

5.

Teilen Sie die Lösung einer Aufgabe in kleine machbare Schritte ein

Nichts gefährdet den Erfolg so sehr wie der Versuch, ihn zu erzwingen. Nichts nützt ihm mehr als die Fähigkeit, ihn in kleinen machbaren Schritten anzustreben. »In machbaren Schritten vorgehen« bedeutet, wie Sie sicherlich schon erkannt haben, nach jedem konzentrierten Einsatz eine Pause zu machen, ehe Sie den nächsten Schritt machen.

Einen »machbaren Schritt« als nächstes Teilziel bei der Lösung einer Aufgabe ins Auge zu fassen hat drei Vorteile:

- Er ist überschaubar.

- Er nimmt auf meine Fähigkeiten und ihre Grenzen Rücksicht. Ich bin mir also sicher, daß ich den Schritt erfolgreich machen kann. Zweifel fallen weg, und damit ein wichtiger Faktor, der meine Konzentration stören könnte.

- Es besteht also die größte Wahrscheinlichkeit, daß ich meinen Schritt machen kann.

Wenn ich ihn gemacht habe, ist mein Erfolgserlebnis garantiert. Das bedeutet: Mein Selbstbewußtsein ist durch diesen Teilerfolg gestärkt. Es macht mir Mut, den nächsten Schritt anzugehen.

Das sind fünf Möglichkeiten, von denen der interessierte Leser von heute an Gebrauch machen kann. Tun Sie es.

4.

Die Kraft der Beharrlichkeit

Viele unserer schönsten Wünsche erfüllen sich nur deshalb nicht, weil wir zu ungeduldig sind. Wir setzen uns ein Ziel, aber wir wollen es schon morgen erfüllt haben. Wenn es uns nicht gelingt, verlieren wir bald das Interesse. Wir geben auf und wenden uns anderen Dingen zu.

Wir bedenken nicht, daß die Fähigkeit, ein gestecktes Ziel zu erreichen, genauso trainiert werden muß wie das Programmieren eines Computers oder das Tennisspielen.

Wer eines Tages 100 Liegestütze ohne Unterbrechung schaffen möchte, muß mit zehn am Tag beginnen und sich steigern. Wenn er schon nach fünf Tagen aufgibt, weil er nicht die Geduld hat zu warten, bis seine Muskeln stark genug geworden sind, scheitert vorzeitig.

Je öfter er seiner Ungeduld erliegt, um so stärker leidet sein Selbstvertrauen. Er wird sich immer bescheidenere Ziele stecken. Auch seine Erfolgserlebnisse werden bescheidener sein. Es baut ihn nicht auf, wenn er allen größeren Konfrontationen aus dem Wege geht.

Der *Glaube* an sich selbst ist die Voraussetzung dafür, sich ein hohes Ziel zu stecken.

Die *Konzentration* ist notwendig, seine Kräfte gezielt einzusetzen.

Die *Beharrlichkeit* schließlich ist unerläßlich, so viele Schritte konzentriert zu machen, bis ein Ziel erreicht ist.

Wer also darangeht, seine Ausdauer zu trainieren, sollte vorher bereits den Glauben an sich selbst gefestigt und die Fähigkeit der Konzentration gesteigert haben.

Der größte Feind der Beharrlichkeit sind die Zweifel

Beharrlichkeit bedeutet, ein Ziel so lange zu verfolgen, bis es erfüllt ist. Es wird uns nicht schwerfallen, eine Aufgabe zu bewältigen, die in nur zehn Minuten getan werden kann. Ein so kurzer Handlungsablauf läßt sich in einem Zug ohne Nachlassen der Konzentration erledigen.

Es wird in dieser Zeit nur wenige Ablenkungen von außen oder von innen geben. Ablenkungen von außen, das sind alle Versuchungen, bequemere Auswege zu suchen.

Schon wenn wir während einer angestrengten Arbeit von einem Arbeitskollegen, der gerade eine Pause macht, gefragt werden: »Gehst du mit mir schnell auf ein Bier in die Kantine?«, stellt unser Beharrungsvermögen auf die Probe.

Ablenkungen von innen sind die Zweifel, mit denen uns Gedanken und Phantasie in Versuchung führen. Sie fragen: »Hast du es wirklich notwendig, dich so abzurackern? Andere machen sich das Leben leichter.« Unsere Phantasie malt uns aus, wie schön es wäre, jetzt mit ein paar Freunden im Gasthaus an der Theke zu stehen und ein Bierchen zu zischen.

Wenn die Pause der Sammlung für die Konzentration unerläßlich ist, wie wir bereits wissen, dann ist sie für die Beharrlichkeit nicht weniger wichtig.

Auftauchende Gedanken oder Phantasien der beschriebenen Art signalisieren eine Krise, der wir schnell und wirkungsvoll begegnen sollten.

Dabei ist es wichtig, der Krise und ihrer Überwindung genausoviel Aufmerksamkeit zu schenken wie der Arbeit selbst.

Wenn wir auf eine Krise nicht rasch mit einer Pause der Sammlung reagieren, teilen wir unsere Energie. Wir versuchen, die Arbeit weiterzumachen und gleichzeitig mit unseren Zweifeln fertig zu werden.

Geteilte Konzentration jedoch bedeutet geteilten Erfolg. Eine Krise nur mit halber Kraft meistern zu wollen heißt also, nur eine Chance von 50 Prozent zu haben, mit ihr fertig zu werden.

Hier ist eine einfache Technik, während eines länger dauernden Handlungsablaufes auftauchende Zweifel gezielt und bewußt zu bewältigen:

1. Beachten Sie die ersten Anzeichen der Krise. Registrieren Sie es aufmerksam, wenn Ihre Gedanken anfangen, an der Sache, die Sie bewältigen wollen, herumzunörgeln. Nehmen Sie diese Anzeichen ernst, und legen Sie eine Pause ein.

2. Entspannen Sie sich, und bleiben Sie ruhig. Machen Sie sich klar, daß jeder längere Handlungsablauf zwangsläufig Ermüdungserscheinungen mit sich bringt.

3. Machen Sie sich klar, daß die Zweifel an Ihren Bemühungen durch Ihre Gedanken entstehen und daß es an Ihnen liegt, in welche Richtung Sie Ihre Gedanken lenken. Ob Sie also den Zweifeln weiter Raum geben oder ob Sie sich für solche Situationen eine eindeutige Formel zurechtlegen. Eine Krisenformel, die Sie wie auf Knopfdruck in solchen Situationen abrufen.

So eine Formel könnte lauten: »Alle Zweifel sind gleichgültig. Was ich anfange, führe ich zu Ende. Ich schaffe es!«

Sagen Sie sich diese Formel im Geiste zwanzigmal vor. Dann atmen Sie kräftig und entschlossen aus und gehen wieder an die Arbeit.

Sich beharrlich bis zur Erfüllung eines Zieles durchzuarbeiten hängt, wie wir sehen, in hohem Maße davon ab, wie wir den zwischendurch auftauchenden Zweifeln begegnen. Wenn wir uns dieses Erfordernis bewußtmachen, es nicht unterschätzen und rechtzeitig auf es reagieren, erhöhen wir damit unser Beharrungsvermögen.

Lassen Sie es uns noch einmal wiederholen: Es gibt keinen Grund, eine Krise zu fürchten, uns über sie zu ärgern oder sich deswegen Vorwürfe zu machen. Zweifel sind ganz natürlich. Wir brauchen sie nicht zu fürchten, wenn wir darauf vorbereitet sind und sofort wissen, wie wir ihnen begegnen können.

Zweifellos wird dies nicht jedem Menschen so einfach gelingen, wie es hier klingt. Es liegt daran, welchem Typ wir angehören:

- Dem Spontan-Typ.

- Oder dem Beharrungs-Typ.

Spontan-Typen haben eine Idee und machen sich ohne lange Überlegung daran, sie zu verwirklichen. Gelingt es ihnen nicht sofort, wenden sie sich leichten Herzens einer anderen Sache zu.

Sie haben viele spontane Ideen, sind ständig in Bewegung, suchen nach immer neuen Chancen. Durch die große Anzahl der Versuche steigt die Wahrscheinlichkeit auf einen Erfolg.

Es mag die Qualität, der Tiefgang ihrer Leistung darunter leiden. Aber ihnen selbst macht das wenig aus. Es gefällt ihnen, schnellebig zu leben. Sie sind rasch für eine Sache Feuer und Flamme, aber ihr Interesse kühlt auch schnell wieder ab.

Wenn ein Spontan-Typ damit zufrieden ist und von seinem Leben nicht mehr erwartet, wird mangelnde Beharrlichkeit kein Problem für ihn sein. Sollte er irgendwann einmal höhere Ansprüche an sein Leben stellen und längerfristige Ziele ins Auge fassen, wird er seinem Wesen entsprechend härter trainieren müssen, um seine Ausdauer zu entwickeln.

Weil Spontan-Typen sehr oft visuell betonte Menschen sind, kann es ihnen nützen, ihr langfristiges Ziel und den Weg dorthin sichtbar zu machen.

Etwa als Zeichnung eines Weges mit den Zwischenstationen, die zum Ziel führen. Diese Zeichnung täglich an der Wand seines Arbeitszimmers vor sich zu sehen und sich bewußt auf den Erfolg zu freuen kann eine starke Motivation darstellen.

Vermutlich wird ein Spontan-Typ mehr kurze Zwischenstationen auf einem langen Weg brauchen als ein Beharrungs-Typ.

Dies von vorneherein einzuplanen kommt seiner natürlichen Fähigkeit entgegen, sich intensiv, aber nur kurz konzentrieren zu können.

Was den Beharrungs-Typ betrifft, so braucht er naturgemäß länger, bis er eine Sache in Angriff nimmt. Er wägt ab, plant, prüft und sucht nach gewissen Sicherheiten für das, was er vorhat.

Seine größte Gefahr ist es, daß er zu lange überlegt und keine große Bereitschaft zum Risiko besitzt. Er gibt sich lieber von vorneherein geschlagen, ehe er sich einer zu großen Ungewißheit aussetzt. Ganz im Gegensatz zum Spontan-Typ, den Risiko und Ungewißheit reizen, wenn auch nur kurze Zeit.

Deshalb wird die hier vorgeschlagene einfache Technik der bewußten Krisen-Pause mit der Anwendung einer Ermunterungs-Formel dem Beharrungs-Typ entgegenkommen. Techniken dieser Art entsprechen seinem Bedürfnis nach Planen, Vorausschauen und Sicherheit.

Für beide Typen gilt im Bemühen um die Erhöhung des Beharrungsvermögens allerdings eines: Training ist erforderlich.

Beharrungsvermögen zu trainieren hat den Vorteil, daß es mit der täglichen Arbeit geschehen kann. Ob eine Arbeit, die wir zu tun haben, fünf Stunden dauert – eine Periode, in der es mit großer Wahrscheinlichkeit bereits zu ein bis zwei Krisen kommt – oder ein Jahr, wir können schon morgen damit beginnen, die Krisen-Lösung zu üben.

Vielleicht gelingt es uns nicht gleich beim ersten Mal. Aber einen entscheidenden Erfolg haben Sie bereits dadurch errungen, daß Sie wissen, wie man den Hindernissen bewußt und gezielt entgegenwirken kann.

Sie besitzen jetzt praktische Informationen darüber. Probieren Sie selbst aus, was diese Informationen für Sie wert sein können.

Der Spaß an der Leistung nimmt mit der Zahl der gemeisterten Krisen zu

Lassen Sie es uns am Beginn dieses Kapitels noch einmal wiederholen: Beharrlichkeit ist das Ergebnis zweier Fähigkeiten:

- Des richtigen Umgangs mit Zweifeln und Krisen.
- Des ständigen Einübens der Krisenbewältigung.

Im Grunde genommen beginnt der Erfolg schon bei der Einstellung zu diesen Vorgängen. Bereits die Angst vor einer Krise oder einer Niederlage kann unsere Beharrlichkeit stark vermindern. Deshalb sollten wir die eingelernten Vorstellungen ändern.

Man hat uns gesagt: Du mußt immer gut sein, alles tun, was man dir sagt, nie anecken, immer erfolgreich sein. Die Angst vor Niederlagen wurde uns anerzogen, denn als Verlierer gilt man weniger in unserer Gesellschaft als einer, der immer zu den Siegern gehört.

Aber Leistungszwang und Sieg-Verklärung stören unsere Unbefangenheit bei der Bewältigung einer

Aufgabe. Weil wir immer besser sein wollen, wollen wir auch immer schneller sein. Das macht uns ungeduldig. Wie wir wissen, stört Ungeduld aber nicht nur die Konzentration. Sie stört auch unser Beharrungsvermögen.

Ist es nicht logisch, wenn wir behaupten: Je ausdauernder Sie bei einem längeren Handlungsablauf sein sollen, um so notwendiger ist es, ihn entspannt und fröhlich zu beginnen? Wer unter Leistungsdruck und Siegeswillen steht, verkrampft sich schon am Start.

Seine Einstellung in dieser Hinsicht zu ändern kann dreierlei bedeuten:

1. Nicht mehr an den »großen« Sieg am Ende der Strecke zu denken, sondern uns ganz auf den »kleinen machbaren« Erfolg nach dem ersten geplanten Schritt zu konzentrieren.

2. Wir sehen eine mögliche Niederlage nicht mehr als Niederlage, sondern als einen nützlichen Hinweis darauf, was wir zur erfolgreichen Bewältigung der Aufgabe verbessern müssen.

3. Eine Krise schließlich ist das Signal, eine Pause der Sammlung zu machen, und keineswegs etwas, das uns am Fortkommen hinderlich ist.

Lassen Sie uns jetzt im Zusammenhang mit der Beharrlichkeit noch einmal auf das Moment der Freude an der Arbeit zurückkommen.

Wenn es Ihnen gelingt, Ihre grundsätzliche Einstellung von zwanghafter Leistungserwartung und übertriebenem Ehrgeiz zu mehr Unbekümmertheit zu verändern, wird auch Ihre Arbeitsfreude zunehmen.

Nach dem Prinzip: »Je öfter wir Krisen unbefangen bewältigen, um so stärker wird unsere Indentifikation mit der Aufgabe. Die Freude daran nimmt zu.«

Man kann auch sagen: »Der Spaß an der Leistung wächst mit der Anzahl der bewältigten Krisen. Gleichzeitig steigt die Fähigkeit der Krisenbewältigung mit zunehmendem Selbstvertrauen.«

Allmählich kann auf diese Weise eine ganz neue Einstellung zur Leistung und damit zum Leben entstehen. Anstelle des Kampfelementes tritt das Spielerische. Statt: »Ich mach' es halt, weil ich muß, was soll ich denn sonst tun?« denkt man: »Bin gespannt, wie es mir diesmal wieder gelingt.«

Spielen heißt neugierig sein.

Neugierde fördert Risikobereitschaft.

Wenn Sie einmal sicher sind, daß Sie einer bestimmten Anforderung locker gerecht werden können, möchten Sie wissen, ob Sie noch ein bißchen weiter kommen können. Der spielerische Anreiz ist da, etwas zu riskieren, um seine Neugierde zu befriedigen.

So steigern Sie auf ganz natürliche Weise Ihre Leistungsfähigkeit und gleichzeitig das Beharrungsvermögen. Denn ohne jeden Zweifel ist ein Mensch ausdauernder, der ständig bereit ist, sich noch ein Stückchen weiter vorzuwagen, als jemand, der beschließt: »Ich tue nur, was ich muß. Und das nur unter Druck.«

Arbeit und Leistung als Zwang zu sehen statt als Spiel ist einer der verhängnisvollsten Widerstände für unser Beharrungsvermögen. Für manchen Menschen ist es zu einer ideologischen Frage geworden, die von Begriffen geprägt ist wie »Arbeitskampf« oder »soziale Gerechtigkeit«.

Die Arbeit als Beschäftigung zu sehen, an der wir niemals Spaß haben können, weil sie von vorneherein als Kampf mit oder gegen irgend etwas deklariert wird, schließt jedes Bemühen um die Verbesserung der Qualität unserer Leistung aus.

Ganz im Gegenteil. »Arbeitskampf« ist das Gegenteil von »Konzentration auf die Arbeit zur Verbesserung der Arbeitsqualität«. Wer damit beschäftigt ist, gegen einen Partner zu kämpfen – sei es Arbeiter oder Unternehmer –, schließt von vorneherein Qualitätsverbesserung durch Konzentration oder Ausdauer bei der Bewältigung von Aufgaben aus.

Der kritische Leser wird vielleicht jetzt sagen: Solche Überlegungen gehen aber nun doch ein bißchen zu weit, schließlich ist hier ja von Beharrlichkeit und von nichts anderem die Rede.

Ganz so ist es nicht.

Wir alle neigen in dieser schnellebigen Zeit dazu, die scheinbar unbedeutenden Facetten unseres Alltagslebens für sich alleinstehend zu sehen.

Wir betrachten Kopfschmerzen als Kopfschmerzen – und nichts sonst. Dies führt dazu, daß wir zur Beseitigung der Kopfschmerzen nur an Mittel denken, die uns möglichst rasch vom Schmerz befreien.

Dabei ist der Schmerz nur ein Signal unseres Körpers, das uns auf ein Gebrechen hinweist. Also auf eine tiefer liegende Ursache.

Da Kopfschmerzen körperliche, aber genauso seelische Ursachen haben können, ändert sich an der Ursache des Schmerzes überhaupt nichts, wenn wir ein Mittel einnehmen, das nur den Schmerz unterdrückt.

Die wahre Ursache aber, die vielleicht in einem seit 20 Jahren in unser Unterbewußtsein verdrängten Kindheitserlebnis begründet ist, beseitigen wir nicht. Ganz im Gegenteil. Wir vermindern durch eine schnelle oberflächliche Betrachtung des Problems, daß wir die Ursache überhaupt kennenlernen.

Die Ursache eines Problems und die Zusammenhänge bei seiner Lösung kennenzulernen bedeutet: den Kommunikationsweg eines Alarmsignals – wie es Schmerzen, Unkonzentriertheit, fehlende Ausdauer, Zweifel, mangelndes Selbstbewußtsein und vieles andere nun einmal sind – immer weiter zurückverfolgen.

So lange, bis wir die tatsächliche Ursache erkennen können. Bis wir verstehen lernen.

Dann erst besitzen wir die Voraussetzung dafür, ungewollte Gewohnheiten durch befriedigendere Alternativen zu ersetzen.

Was diese Ermunterung zur »großen Sicht der kleinen Dinge« betrifft, können wir Menschen im Westen zweifellos ein wenig von der Denkweise des Fernen Ostens lernen.

Während beispielsweise die westliche Schulmedizin die Erkrankung eines Organs ganz begrenzt als das sieht, was erkennbar ist, galt schon vor über 1000 Jahren in China das Prinzip: Die Erkrankung des Körpers ist vor allem ein Ausdruck der Disharmonie der Seele.

Auch wenn uns diese Maxime übertrieben erscheint, eines können wir daraus lernen: die große Sicht, daß der menschliche Körper nicht für sich allein gesehen werden kann, sondern im Zusammenhang mit Seele und Geist.

Dieses Prinzip von der »großen Sicht aller Dinge« sollte jeder, der die in diesem Lebensschule-Ratgeber behandelten fünf Kräfte erkennen und nützen will, nicht unterschätzen.

Beharrlichkeit ist, wie wir gesehen haben, ohne Glaube an sich selbst und Konzentration nur unvollkommen zu verbessern.

Andererseits kann jemand seine Beharrlichkeit erheblich vergrößern, der den Weg zur unbewußten Lenkung seiner Handlungen gefunden hat.

Aber damit nicht genug. Der Kreislauf der Zusammenhänge kann noch – wie wir bereits gesehen haben – viel weiter verfolgt werden:

- Wer durch erfolgreiche Krisenbewältigung sein Beharrungsvermögen steigert, gewinnt mehr Freude an seiner Arbeit.

- Wer mehr Freude an seiner Arbeit hat, erzielt bessere Leistungen.

- Die besseren Leistungen werden besser honoriert. Sei es durch mehr Respekt der Umwelt, sei es durch bessere Angebote oder mehr Geld.

- Mehr Geld erhöht die Freude am Leben, weil wir uns dadurch mehr Wünsche erfüllen können.

So kann die Fähigkeit, die Kraft der Beharrlichkeit

zu steigern, auf direktem Wege dafür sorgen, daß unser Leben glücklicher wird.

Vielleicht ist eine weitere Schlußfolgerung verwegen, aber lassen Sie sie uns trotzdem als Spekulation anführen: Könnte es nicht sein, daß Sie am Ende des oben beschriebenen Kreislaufes Ihren Zigarettenkonsum drastisch einschränken? Vorausgesetzt natürlich, das Rauchen ist für Sie ein Mittel zur Unterdrückung der Unsicherheit, die durch fehlende Ausdauer entstand.

Das Aufzählen von Folgerungen wie diesen sollte für den Leser nur Anregung sein, selbst nach solchen großen Zusammenhängen zu suchen und sich nicht mit dem Erlernen kleiner Techniken zufriedenzugeben.

5.

Die Kraft der Kraftlosigkeit

Dem Leser wird es seltsam anmuten, wenn in einem Ratgeber, in dem es darum geht, seine »Kräfte« zu erkennen, zu erforschen und zu trainieren, die Kraftlosigkeit als Kraft bezeichnet wird.

Was, so werden Sie vermutlich fragen, ist damit gemeint?

Stellen Sie sich, bitte, folgende Situation vor:

Ein Klavierspieler spielt in einer Bar vor sich hin. Nicht gerade besonders schön, aber auch nicht gar so schlecht. Ein angeheiterter Gast torkelt auf ihn zu und sagt: »Wissen Sie was? So beschissen wie Sie habe ich mein ganzes Leben lang noch keinen Klavierspieler spielen gehört.«

Der Klavierspieler ist zutiefst in seiner Ehre gekränkt. Er steht auf und versetzt dem Gast einen Faustschlag gegen den Unterkiefer.

Der Gast stürzt zu Boden, Polizei und Rettungswagen kommen. Es kommt zu einer Anzeige. Der Gast muß im Spital operiert werden. Schließlich klagt er den Klavierspieler auf Schmerzensgeld, und der Klavierspieler klagt den Gast wegen Ehrenbeleidigung.

Der Prozeß zieht sich über einen Zeitraum von zwei Jahren hin. Wie immer er auch endet, Gast und Musiker bleiben für die nächsten Jahre einander in Haß verbunden und sinnen von Zeit zu Zeit über hinterhältige Möglichkeiten nach, was jeder dem anderen noch antun könnte.

Dies ist ein typischer Fall, wenngleich er sich in der hier beschriebenen Weise nicht ereignet hat.

Jedenfalls entspricht er der Einstellung vieler Menschen, die davon ausgeht: Wenn ich angegriffen werde, schlage ich zurück. Wenn meine Ehre gekränkt wird, verlange ich Genugtuung. Gewalt muß mit Gewalt vergolten werden.

Alles in allem geht diese Einstellung davon aus, daß entschieden werden muß, wer recht hat. Was tatsächlich recht *ist*, spielt dabei die geringere Rolle.

Haben Sie schon einmal daran gedacht, daß dieses Zahn-für-Zahn-Prinzip die Ursache vieler Aggressionen ist, die uns Kräfte rauben und deren Aufwand in keinem vernünftigen Verhältnis zu dem steht, was wir damit gewinnen?

Was gewinnen wir denn daraus?

Wir gewinnen im besten Falle einen Prozeß. Das

heißt, wir behalten recht. Oder wir verlieren. Für den teuren Preis der Anwaltskosten und des lebenslangen Selbstbedauerns, daß man uns unrecht getan hat.

Was ist also die Kraft des Stärkeren, des Rechthabens und der gesühnten Ehre tatsächlich wert?

Überlesen Sie diese Frage nicht einfach. Denken Sie ein wenig darüber nach. Wie wichtig ist es für Sie, einen Gegner zu besiegen, der Sie angreift? Was bringt Sie dazu, Ihrer Mitwelt und sich selbst beweisen zu müssen, wie gut Sie sind?

Denken Sie darüber nach, ehe Sie sich mit einer zweiten Frage beschäftigen. Mit der Frage: Welche Alternative hätte denn der Klavierspieler gehabt?

Was tut ein Gegner, wenn sein Angriff ins Leere geht?

Lassen Sie uns dieses Kapitel mit der Beschreibung einer Alternative beginnen, die der Klavierspieler hätte ergreifen können, nachdem der betrunkene Gast zu ihm gesagt hatte: »So beschissen wie Sie habe ich mein ganzes Leben lang noch keinen Klavierspieler spielen gehört.«

Er hätte, weiter leise vor sich hin klimpernd, dem Gast mit einem feinen Lächeln sagen können: »Ja, ja, mein Herr, Sie haben recht. So mies wie ich spielt wirklich keiner.«

Nun hätte sich natürlich der Gast provoziert fühlen können. Er hätte den Whisky aus dem Glas, das er in der Hand hielt, dem Pianisten ins Gesicht schütten können.

Dieser aber hätte, so wollen wir annehmen, unbeirrt weitergespielt. Aber nicht, ohne mit der Zunge einen Tropfen des Getränks aufzunehmen, das ihm über die Oberlippe in den Mund rann, um dann zu sagen: »Wie ich feststelle, trinken Sie ›Jack Daniels‹. Versuchen Sie es doch einmal mit einem ›Johnnie Walker‹, der ist nicht so scharf.«

Nehmen wir nun weiter an, daß spätestens bei diesen Worten ein paar der übrigen Gäste im Lokal zu lachen anfangen und dem streitsüchtigen Gast eigentlich nichts Rechtes mehr einfällt, was er noch tun könnte, um seine Aggression loszuwerden. Er bezahlt, schimpft noch ein wenig vor sich hin und geht.

Wie gefällt Ihnen diese Version?

Nun, wie immer Sie darüber denken, deutlicher kann man kaum beschreiben, was mit »Kraft der Kraftlosigkeit« gemeint ist.

Selbstverständlich schwanken wir angesichts dieses Beispiels, ob dieses Verhalten des Klavierspielers tatsächlich irgend etwas mit Kraft zu tun hat oder ob es nicht ganz einfach Feigheit ist. Denn, so lautet ja das eingelernte Rollenbild: »Ein echter Mann läßt sich nicht ungesühnt in seiner Ehre kränken.«

Ehre, Stolz und Treue, Mitleid, Mut, Feigheit und Gewalt, Sieger und Verlierer, Helden und Bösewichte, alles das sind Elemente des Lebens, die das Handeln der meisten Menschen bestimmen. Sind es Elemente, die unser Glück begünstigen, oder dienen sie nicht viel mehr anderen Leuten dazu, uns zu manipulieren?

Wer ist schließlich der Stärkere: einer, der einem Angriff mit Gegenangriff begegnet, der wieder zu Angriff und Gegenangriff führt, oder einer, der einem Angriff so lange ausweicht, bis der Angreifer die Sinnlosigkeit seines Vorhabens selbst einsieht?

Sicher ist: Die Kraft der Kraftlosigkeit erfordert ganz andere Kräfte als die aggressive Gegenwehr. Es verhält sich hier ähnlich wie bei der Gefälligkeit. Jemand verlangt etwas von uns, von dem wir ganz genau wissen, daß es für uns von Nachteil ist. Trotzdem sagen wir zu, weil wir zu schwach sind, »nein« zu sagen.

Wir tun es, weil der andere uns mit einem der oben erwähnten Begriffe manipulierte. Er sagte: »Das können Sie mir doch nicht antun, mich armen Menschen so im Stich zu lassen.« Oder er sagte: »Sie sind doch kein Feigling, oder?«

Und schon geben wir wider besseres Wissen nach, weil wir gut, edel und nicht feige erscheinen wollten.

Wir geben nach. Das heißt, wir gehen den einfacheren Weg. Wir sind nicht stark genug, »nein« zu sagen, obwohl ein »Nein« vorteilhafter für uns wäre.

Es gibt vermutlich zwei Arten von Kräften: die weiche und die harte Kraft.

Die harte Kraft des Felsens, der sich dem Wasser entgegenstellt. Und die weiche Kraft des Wassers, die den Felsen umflutet und nach einer Million Jahren zu Sand zermahlt.

Im praktischen Leben könnte ein Prinzip des starken Handelns lauten: »Sage ja, wenn du ja meinst, und sage nein, wenn du nein meinst.« Ein Prinzip des starken Handelns mit weicher Kraft könnte lauten: »Sage vorerst zu allem ja, aber tue später trotzdem das, was du für richtig hältst.«

Während das erste Prinzip eher für Männer geeignet ist, wird das zweite vorwiegend von Frauen praktiziert. Wie viele gescheite starke Frauen lassen nicht schon längst ihre Männer in dem Glauben, sie hätten immer recht? Wenn diese Männer im Bewußtsein ihrer Autorität auch die dümmsten Entscheidungen fällen, sagen die gescheiten starken Frauen: »Jawohl, mein Schatz, du hast recht. So wird es gemacht.«

Getan wird dann, was die Frau für richtig hält, auch wenn es genau dem Gegenteil der Entscheidung des Mannes entspricht.

Das, verehrter Leser, versteht man ebenfalls unter der Kraft der Kraftlosigkeit.

Wir setzen der Autorität nicht Autorität entgegen. Wir widersprechen nicht, wo Widerspruch völlig sinnlos wäre. Wir reagieren auf Angriff nicht mit Gegenangriff, sondern weichen vorerst einmal aus, um dann auf Umwegen genau dorthin zu kommen, wo wir immer schon hin wollten. Deshalb wird diese Methode auch »Die Umweg-Strategie« genannt.

Beschäftigen wir uns nun mit einigen praktischen Techniken, mit denen diese Strategie im Alltagsleben angewandt wird:

1.

Die Politiker-Technik

Politiker, das wissen wir alle, geben vor einer Wahl, bei der sie unsere Stimmen brauchen, jedes Versprechen ab, von dem sie annehmen, daß es uns gefällt. Wenn sie dann an die Macht gekommen sind, reden sie so lange von der harten Realität und den Opfern, die wir zum Wohle der Gemeinschaft bringen müßten, bis niemand mehr an ihre Versprechungen denkt.

Diese Technik wird auch die »Laß-Gras-darüberwachsen«-Technik genannt. Sie zu praktizieren bedarf guter Nerven und der Fähigkeit, es mit der Wahrheit nicht immer allzu ernst zu nehmen.

Wenn die Politiker dazu imstande sind, warum sollte sich diese Fähigkeit nicht jeder von uns auch zunutze machen können?

2.

Die Vertröstungs-Technik

Jemand entlockt uns eine Leistung oder eine Zustimmung. Wenn wir dann dafür die Gegenleistung einfordern, versichert er uns im Brustton der Überzeugung: »Aber selbstverständlich bekommst du den versprochenen Preis. Du mußt dich nur noch ein wenig gedulden.«

Er ist immer freundlich und entgegenkommend. Er verspricht uns alles, was wir wollen. Nur, er vertröstet uns auf später, bis es uns dann irgendwann einmal zu dumm wird und wir die Sache als Verlustposten abschreiben.

Tatsache aber bleibt, daß er uns mit der Kraft der Kraftlosigkeit zermürbt und besiegt hat.

3.

Die Intellektualisierungs-Technik

Viele Menschen ziehen bei der Lösung ihrer Probleme den direkten, klaren Weg vor. Ein Mann – ein Wort, wie es so schön heißt.

Andere allerdings verstehen es meisterhaft, ein Problem so lange auf Nebenbahnen zu lenken und so gescheit darüber zu reden, bis sich niemand mehr auskennt und jeder ihm recht gibt, weil keiner zugeben will, daß er längst nicht mehr weiß, worum es eigentlich geht.

Diese Methode der kraftlosen Umgehung einer Lösung oder eines Angriffs wird in allen Bereichen des Lebens angewandt. Zum Beispiel von Regierenden. Wenn die Bevölkerung zum Beispiel von einem Politiker eine rasche Lösung eines Problems verlangt, der er aus Rücksicht auf seine Parteifreunde keinesfalls zustimmen kann, wählt er nicht selten die Intellektualisierungs-Methode. Sie besteht in diesem Falle meistens darin, daß er eine sogenannte Experten-Kommission einberuft.

In geheuchelter Bescheidenheit erklärt er dem Volk, daß diese Frage von gescheiteren Menschen, als er es ist, einmal untersucht werden müßte.

Damit deutet er bereits an: Die Mitglieder dieser Kommission seien Experten, Wissenschaftler, Autoritäten und verstünden von der Sache nicht nur mehr als er selbst, sondern auch mehr als die Bevölkerung.

Ganz zufällig entscheiden dann meistens nach drei, vier oder mehr Jahren diese Experten ganz im Sinne des Regierenden, wenn sich das Problem meistens schon längst ganz von selbst irgendwie gelöst hat.

Aus diesen wenigen Beispielen der praktischen Anwendung der Kraft der Kraftlosigkeit kann der Leser erkennen, daß es sich dabei um eine Kraft handelt, die nicht aus herkömmlichen moralischen Standards abgeleitet werden kann.

Es ist eine Kraft, die Moral und Begriffe wie Ehrlichkeit, Wahrheit oder Fairneß völlig ignoriert. Selbst die Lüge ist, wie man an angeführten Beispielen erkennen kann, bei der Anwendung dieser Kraft erlaubt.

Wobei man allerdings in diesem Zusammenhang noch einmal die Frage aufwerfen kann: Wenn die Lüge, die Täuschung und die Heuchelei Methoden sind, die von den Mächtigen ihren Untertanen gegenüber immer schon selbstverständlich waren, warum soll in unserer Zeit des freien, selbstbewußten Bürgers dieser nicht genauso das Recht haben, sie für sich zu nützen?

Ob er davon tatsächlich Gebrauch machen will, ob es seiner Vorstellung des Zusammenlebens entspricht, muß allerdings jeder selbst für sich entscheiden.

Die vier Voraussetzungen für die Anwendung der Kraft der Kraftlosigkeit im täglichen Leben

Für den interessierten Leser ist es wichtig zu verstehen, daß die Kraft der Kraftlosigkeit weniger eine Technik, sondern eine Philosophie des Lebens ist. Sie in der Praxis anwenden zu können setzt viel Verständnis und geduldiges Üben voraus. Vor allem aber bedeutet es für die meisten Menschen, einige entscheidende Dinge an sich zu ändern.

Hier sind die vier wichtigsten Voraussetzungen dafür:

1. Die richtige Einstellung zum Leben.

2. Gesunder Egoismus.

3. Eigene Maßstäbe für die Beurteilung aller Dinge.

4. Das Bekenntnis zur Strategie der Gewaltlosigkeit.

Was bedeutet es nun, die richtige Einstellung zum Leben zu haben?

Zuallererst ist damit gemeint, daß jemand, der kein

Unbehagen mit dem Hergebrachten verspürt, auch wenig Motivation besitzt, an seinem Leben entscheidende Dinge zu verändern.

Wer mit dem zufrieden ist, was er hat, bekommt und tut, sollte es dabei belassen. Es kann bedeuten, daß er die Grenzen seiner Selbstverwirklichung erkannt und erreicht hat. Es kann allerdings ebenso heißen, daß er resigniert. Er bedauert sich zwar selbst, schimpft regelmäßig über die herrschenden Zustände, aber er ist zu bequem, um bei sich selbst etwas zu ändern.

Bei sich selbst, das ist ein entscheidender Ansatzpunkt. Er unterscheidet den Egoisten vom Altruisten. Der Altruist will die Welt verändern, indem er die anderen ändert. Der Egoist ändert sich selbst.

Altruismus bedeutet Missionieren, also den Versuch, andere Menschen für das zu gewinnen, was einer für richtig hält. Dafür gibt es theoretisch zwei Methoden: das Überzeugen und die Gewalt.

Theoretisch. Praktisch jedoch sind alle missionarischen Bemühungen, andere Menschen von Ideen, Ideologien oder zum Kaufen zu überzeugen, aggressive Methoden. Verkaufen bedeutet Manipulation. Und Manipulation ist eine aggressive Form des Überzeugens.

So gesehen beruht unser gesamtes Erziehungssystem auf der Strategie der Erpressung:

- Wenn der Lehrer Ihren Kindern mit schlechten Noten droht, um sie zur Disziplin zu zwingen.

- Wenn die Eltern ihren Kindern sagen: »Mache deine Aufgaben pünktlich, sonst darfst du am Abend nicht fernsehen.«

- Wenn der Staat Verurteilung und Gefängnis ankündigt, falls der Bürger sich nicht an die ihm vorgegebenen Regeln und Gesetze hält.

- Ganz zu schweigen von den Drohungen der Kirche mit Fegefeuer und Hölle, dem Jüngsten Gericht und der Todsünde.

Selbstverständlich beinhaltet auch die Werbung ihren Teil an Aggression. Wenn beispielsweise in der Waschmittelwerbung im Fernsehen eine Hausfrau gezeigt wird, deren Wäsche immer Flecken hat, während ihre Nachbarin ihr nicht ohne Überheblichkeit zeigt, wie ihr Waschmittel *wirklich* weiß wäscht.

Damit wird der einen Frau angedroht, keine gute Hausfrau zu sein, wenn sie nicht das richtige Waschmittel kauft, damit auch ihre Hemden und Höschen blütenrein werden.

Die richtige Einstellung zum Leben, von der hier die Rede ist, bedeutet: aufzuhören, die Lösung irgendeines unserer Probleme zuerst bei anderen Menschen zu suchen.

Diese Einstellung ist der erste Schritt zu jenem Egoismus, der als zweite Voraussetzung gefordert wird.

Egoismus in diesem Sinne bedeutet, die Lösung aller seiner Probleme bei sich selbst zu suchen und herbeizuführen. Er bedeutet auch, für alles, was man tut oder tun sollte, selbst die Verantwortung zu übernehmen.

Im fortgeschrittenen Stadium der Entwicklung geht die Erfordernis dieses Egoismus sogar so weit zu sagen: »Bevor ich einen anderen Menschen lieben kann, muß ich zuerst lernen, mich selbst zu lieben.«

Sich selbst zu lieben bedeutet, mit sich in Harmonie zu sein. Ein Erfordernis, das keineswegs zu den Selbstverständlichkeiten unserer Zeit gehört.

Die dritte Voraussetzung für die Entwicklung der Kraft der Kraftlosigkeit sind eigene Maßstäbe für die Beurteilung aller Dinge.

Für jemanden, der auf dem Wege zu dem hier beschriebenen Egoismus, also zur vollkommenen Eigenverantwortlichkeit für sein Leben ist, ergibt sich diese neue Voraussetzung ganz von selbst.

Er wird zum Beispiel die Lösung eines Problems mit seinem streitsüchtigen Nachbarn nicht mehr bei Gericht suchen, sondern seine Einstellung zu diesem Menschen neu überdenken und sich fragen: Was muß ich bei mir ändern, damit das, was ich tue, für den Nachbarn akzeptabel wird?

Er wird auch seine Zukunft nicht mehr dem Staat oder den Politikern anvertrauen, sondern sich zuallererst fragen: »Was kann *ich* für mich tun?« Dies bedeutet natürlich auch, daß er sich auf niemanden mehr ausreden kann, wenn seine Bemühungen scheitern.

Dies gilt vor allem für die Gesundheit.

Die Entscheidung, sich für seine Gesundheit selbst verantwortlich zu fühlen, würde sicherlich für die meisten Menschen einen völlig neuen Maßstab für ihre Einstellung zu sich selbst bedeuten. Sie müßten das bisherige: »Wenn ich krank bin, wird mir mein Arzt schon helfen« ändern zu dem Grundsatz: »Ich unternehme jeden Tag selbst alles, was mir möglich ist, um gesund zu bleiben, damit ich nie wieder einen Arzt brauche.«

Wenn wir eine Krankheit, die uns befällt, als eine Form der Aggression betrachten, dann sind die Mittel, mit denen die Medizin sie bekämpft, nicht minder aggressiv. Organe werden aus dem Körper geschnitten, Zellen werden durch Bestrahlung vernichtet oder Funktionen durch Medikamente gelähmt.

Wer selbst täglich alle erforderlichen Maßnahmen

trifft, um seinen Körper, seine Seele und seinen Geist gesund und in Harmonie zu erhalten, verhindert die Aggression der Krankheit genauso wie die aggressive Form ihrer Bekämpfung.

Er bemüht sich ständig für die Harmonie mit sich selbst. Er wartet nicht, bis andere seine seelischen Probleme lösen, sondern löst sie selbst.

Er läßt nicht andere für sich denken, sondern denkt selbst für sich.

Er tut, was er selbst für sich als richtig erkannt hat, und begnügt sich nicht damit, was man nach den Maßstäben anderer Leute oder der Gesellschaft tun darf oder nicht.

Mit sich selbst in Harmonie leben zu können bedeutet, selbst zu wissen, was für uns richtig ist, und uns dazu uneingeschränkt zu bekennen.

Eine Hilfe kann dabei für den interessierten Leser ein anderer Band dieser Ratgeber-Serie sein. Er trägt den Titel »So plant man sein Leben richtig« und enthält Hinweise, wie wir unser zukünftiges Leben neu ordnen können.

Die vierte und letzte Voraussetzung für die Kraft der Kraftlosigkeit schließlich besteht darin, nach den neuen Maßstäben neue Formen der Verwirklichung im Alltag zu entwickeln: die Strategie der Gewaltlosigkeit.

Wenn in einem vorangegangenen Beispiel der Klavierspieler über die Beleidigung eines Gastes lächelt, dann ist dies schließlich viel mehr als nur eine oberflächliche Technik des Umgangs mit den Mitmenschen.

Sie ist auch nur dann wirksam, wenn sie einer grundlegenden inneren Einstellung entspricht.

Etwa der Einstellung: »Ich besitze weder Stolz noch Ehre, also kann auch niemand meinen Stolz oder meine Ehre verletzen.«

Wer sich dazu bekennt, unterdrückt nicht nur seinen Zorn. Er besitzt ihn erst gar nicht, weil er gar keinen Grund dazu hat, zornig zu sein.

In weiterer Folge erübrigt sich für ihn also auch jede Art aggressiver Abwehrhandlung. Er gibt nicht dem Angreifer die Schuld an dem, was passiert, sondern hat selbstverantwortlich bei sich selbst dafür gesorgt, daß der Angriff jedes Angreifers ins Leere geht.

Zugegeben, alles das klingt nicht einfach. Ist es auch nicht. Es ist, wie bereits erwähnt wurde, eine sehr elitäre Form des Umganges mit sich selbst und seiner Mitwelt. Vermutlich ist dies nicht nach jedermanns Geschmack. Vermutlich wird auch mancher Leser wenig damit anfangen können. Die »Kraft der Kraftlosigkeit« wird für ihn ein Widerspruch in sich bleiben.

In diesem Falle sollte er erst gar nicht versuchen, nach einem Ersatz für die »Kraft der Kraftlosigkeit« zu suchen. Es gibt ihn nicht.

Einige Hinweise, ehe Sie diesen Ratgeber aus der Hand legen

Der Untertitel dieses Bandes lautet »Fünf Techniken, die alles möglich machen«. Vorerst mag das für den Leser nach Übertreibung klingen. Aber wer sich *lange genug* mit der Entwicklung alter neuer Kräfte in sich *beschäftigt*, die bisher ungenützt blieben, wird mit Sicherheit erstaunliche Veränderungen in seinem Leben feststellen.

Die Betonung liegt allerdings auf den beiden Anmerkungen »lange genug« und »beschäftigt«. Denn wie wir wissen, ändert sich nichts wirklich, wenn wir das Neue nicht geduldig so lange einüben, bis es das Althergebrachte ganz von selbst ersetzt. Dieses Ziel zu erreichen erfordert die Beharrlichkeit, so lange an sich zu arbeiten, bis die Zeit zur Veränderung gekommen ist.

Sich mit sich und seiner Veränderung zu »beschäftigen« wieder bedeutet, daß wir nicht bloß Bücher wie das vorliegende durchlesen und für interessant finden. »So nützt man die eigenen Kräfte besser« ist kein Informationsbuch. Es ist ein Provokationsbuch.

Es wurde kein Wert darauf gelegt, möglichst vollständig alles Wissen über ein Thema für Sie zusammenzutragen. Ganz im Gegenteil. Es wurde versucht, Sie ständig zu ermuntern, Ihr eigenes Wissen über jenes Thema unentwegt zu vertiefen, über das niemand so viel wissen kann wie Sie selbst. Das Thema: »Ich und mein Leben«.

- *Über sich selbst nachdenken.*

- *Eigene Lösungen finden.*

- *Den Mut haben, so zu leben, wie man es wirklich möchte.*

- *Glücklich sein. Möglichst an jedem Tag Ihres weiteren Lebens.*

Alles das und noch einiges mehr ist es, wozu Sie dieser Band ermuntern, gelegentlich auch provozieren wollte.

Hoffentlich nicht ganz ohne Erfolg.

Knaur

So nutzt man die eigenen Kräfte besser
Dieser Lebenshilfe-Band enthält zahlreiche Anregungen, wie jeder seine eigenen Kräfte nutzen kann, statt immer nur nach Tabletten oder fremder Hilfe zu greifen.
96 S. [7742]

So lernt man, sich selbst zu lieben
Der Autor handelt nach dem Prinzip: »Ehe Sie jemand anderen lieben können, sollten Sie lernen, sich selbst zu lieben. Sonst wird die Liebe zu anderen Menschen nichts anderes als eine Alternative zur Unfähigkeit, mit sich selbst in Frieden zu sein.«
96 S. [7743]

So lernt man, sich selbst zu lenken
Sechs einfache Techniken, sein Leben zu ändern. Unter uns leben Heerscharen von unzufriedenen Menschen, die ein völlig anderes Leben führen möchten. Aber sie unternehmen nichts. Kirschner zeigt, wie es geht.
96 S. [7718]

So plant man sein Leben richtig
Neun Schritte zu einem selbstbewußteren Leben. »Sie selbst sind dafür verantwortlich, ob ein Plan Ihr Leben grundlegend verändert. Oder ob Sie – von Zweifeln und Bequemlichkeit verleitet – mitten in Ihrem Vorhaben aufgeben.« 112 S. [7720]

So wehrt man sich gegen Manipulation
Manipuliert wird der Mensch in allen Bereichen des Lebens: im Beruf, in der Politik, ja sogar im Privatleben. Kirschner zeigt Strategien und Techniken, wie man sich dagegen wehren und seine Freiheit zurückerobern kann.
112 S. [7717]

Josef Kirschner